AMRA

Pavlina Klemm

Lichtbotschaften von den Plejaden 5

Dein Schlüssel zum Goldenen Zeitalter

mit zahlreichen Übungen!

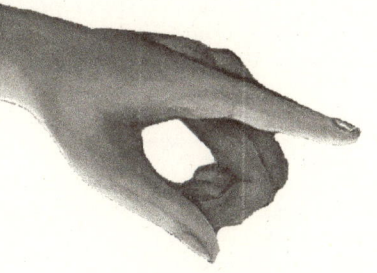

Vorwort von Jeanne Ruland

Besuchen Sie unseren Shop:
www.AmraVerlag.de

Ihre 80-Minuten-Gratis-CD erwartet Sie.
Unser Geschenk an Sie ... einfach anfordern!

Eine Originalausgabe im AMRA Verlag
Auf der Reitbahn 8, D-63452 Hanau
Hotline: + 49 (0) 61 81 – 18 93 92
Service: Info@AmraVerlag.de

Herausgeber & Lektor	Michael Nagula
Einbandgestaltung	Guter Punkt
Layout & Satz	Birgit Letsch
Autorenfoto	Melanie Daoud
Druck	CPI books GmbH

Content © 2019 by Pavlina Klemm, www.pavlina-klemm.de
Cover © by Josephine Wall, www.josephinewall.co.uk

ISBN 978-3-95447-367-0 (Buch)
ISBN 978-3-95447-368-7 (eBook)
ISBN 978-3-95447-403-5 (Hörbuch)
ISBN 978-3-95447-369-4 (Übungs-CD)

Kostenloser Download der Meditation »Reinigung des Herzens«,
von Pavlina selbst gesprochen, auf www.Channeling-Kongress.de

Außerhalb der Plejadenreihe liegen folgende Titel von Pavlina vor:
Heilsymbole & Zahlenreihen. Arbeitsbuch der Plejadenheilung
Heilsymbole & Zahlenreihen. Set mit 44 Karten und Begleitbuch
Energetischer Schutz & Gesundheit deines Körpers (Virenschutz-CD)
Die Blume des Lebens. Botschaft der Plejader (CD mit Michael Reimann)
Transformation gemeinsam erleben (Channeling-Kongress-DVD)

Die hier vorgestellten Informationen, Ratschläge und Übungen sind
natürlich subjektiv. Sie wurden zwar nach bestem Wissen und Gewissen
geprüft, dennoch übernehmen Verfasser und Verlag keinerlei Haftung
für Schäden gleich welcher Art, die sich direkt oder indirekt aus
dem Gebrauch der Informationen, Tipps, Ratschläge oder Übungen
ergeben. Im Zweifelsfall sollte ärztlicher Rat eingeholt werden.

Alle Rechte der Verbreitung vorbehalten, auch durch Funk, Fernsehen
und sonstige Kommunikationsmittel, fotomechanische, digitale
oder vertonte Wiedergabe sowie des auszugsweisen Nachdrucks.
Im Text enthaltene externe Links konnten vom Verlag nur bis
zum Zeitpunkt der Buchveröffentlichung eingesehen werden.
Auf spätere Veränderungen hat der Verlag keinerlei Einfluss.
Eine Haftung des Verlags ist daher ausgeschlossen.

Inhalt

Vorwort von Jeanne Ruland		9
Einleitung der plejadischen Zivilisation		11
1	Neustart für die Menschheit und eine Botschaft des Lichtrats	17
2	Die Blume des Lebens *mit Übung*	27
3	Weitere Informationen zur Blume des Lebens	37
4	Kontakt mit eurer Familie und euren Liebsten im Licht *mit Übung*	41
5	Das Leben im Jenseits	55
6	Der Wendepunkt	64
7	Atlantis und sein geheimes Wissen	70
8	21 Schlüssel für euren Übergang ins Goldene Zeitalter *mit Übung*	77
9	Euer reines Herz und die goldenen Tore zum Goldenen Zeitalter	88

10	Eure Entscheidung für die Rückkehr der absoluten Gesundheit *mit Übung*	95
11	Energetische Arbeit zur Entfernung negativer Grundemotionen aus deinem System *mit Übung*	103
12	Mutter Erde und eine Durchsage von Gaia, der Seele der Erde	112
13	Worte für Eltern kosmischer Kinder	116
14	Zeit	122
15	Erschaffung deiner neuen Realität, eine neue Zahlenreihe und Übung	129
16	Orella spricht	138
17	Natürliche Weiblichkeit *mit Übung*	145
18	Technische Möglichkeiten und die Kinder von heute	153
19	Energetische Reinigung eures Zuhauses *mit Übung*	164
20	Die bisher erreichte Anzahl erleuchteter menschlicher Seelen	170
21	Das Wissen der Mayas und die Anbindung der Erde an das Bewusstsein und das Licht der Zentralsonne	176
22	Abschließende Worte der Liebe und Verbundenheit	180

Bonus-Channelings

Geht ins Vertrauen und lasst die Reinigung
    geschehen!   186

Dieses Jahr bringt euch eine großartige
    lichtvolle Kraft   190

Wenn du dich wieder in der Natur aufhältst …   194

Zahlenreihe   200

Mein Nachwort   202

Danksagung   212

Buchempfehlung   214

*Verzeichnis der auf den ersten sechs CDs
enthaltenen Übungen und Meditationen*   217

Über Pavlina   220

Marc gewidmet, einem guten Freund meiner Tochter Vanessa, der eine einzigartige, große Seele in sich trug. Seine lichtvolle Herzensschönheit begleitet uns immerzu. Er wacht aus himmlischen Höhen über uns und zeigt uns die Richtung, die wir einschlagen sollen. Er freut sich über jeden unserer Erfolge, und wir können seine Freude und Leichtigkeit spielend leicht wahrnehmen. Seine Liebe begleitet uns.

»Liebe ist Leben. Liebe ist Licht. Liebe ist Existenz.«

Vorwort von Jeanne Ruland

Pavlina Klemm ist eine Visionärin und ein wunderbares Channelmedium der Neuen Zeit. Ihr Wesen ist zutiefst liebevoll und rein. Sie erinnert uns an die universelle Verbundenheit, die Weisheit des Kosmos und öffnet für uns neue Räume und Sichtweisen, die zutiefst hilfreich sind. Wir sind Kinder des Kosmos, des Universums und der Sterne. Wer sich neue Impulse wünscht, hat mit diesem Buch einen Volltreffer gelandet.

Die lichtvollen, erhebenden und beschwingenden Durchgaben der Plejader von Pavlina Klemm erheben uns in eine neue übergeordnete Sichtweise, aus der heraus wir ganz neue Wege auf Erden wählen können, um dazu beizutragen, dass das Goldene Zeitalter sich in allen Ebenen und Dimensionen und auf Erden entfaltet. Wir sind nicht alleine. In der Rückverbindung fließt und strömt jede Menge heilsame und positive Energie. Wesen vieler Dimensionen unterstützen uns in dieser herausfordernden Zeit. Der Schlüssel zum Goldenen Zeitalter liegt dabei in uns. Unermüdlich werden wir liebevoll darauf hingewiesen, »bei uns selbst anzufangen« und in den unermesslichen Liebesraum des Herzens einzutreten, in dem Schätze des Lichts aufgeschlüsselt und entfaltet werden wollen.

Die gechannelten Durchgaben in diesem Buch erhöhen augenblicklich unsere Energie und unterstützen uns bei einer zutiefst positiven, schöpferischen Realitätsgestaltung. Die Worte und Energien, die wir hier lesen, sind jenseits von Raum und Zeit und können daher jederzeit erfahren und angewendet werden. Wunderbare, leicht im Alltag anzuwendende Übungen helfen uns, unsere Schwingung sofort zu erhöhen und uns dauerhaft in der Schwingung eines erhöhten Bewusstseins zu halten, um die Hürden und Hindernisse zu meistern, die auf dem irdischen Weg in eine neue Zeit liegen. Sie helfen uns, auf unserem Herzensweg zu bleiben, um nichts als Heilfrequenzen und Segen zu verströmen.

Pavlinas Buch kann auf verschiedene Weise angewendet und gelesen werden. Wir können es, so wie wir es von einem Buch gewohnt sind, von vorne bis hinten lesen, aber auch als Wegweiser, indem wir uns auf die Plejaden einstimmen und irgendeine Seite in dem Buch aufs Geratewohl aufschlagen. Wie schon in Pavlinas vorangegangenen Büchern sind die aufgeschlagenen Textstellen und Übungen jedes Mal so passend, als würden sie direkt aus dem Kosmos in unseren Alltag geleitet. Die Anbindung an die kosmische Zeit der Ewigkeit und höheren Bewusstseinsdimensionen helfen, die Lichtcodierungen in uns zu entschlüsseln und das zu bringen, wozu wir geschickt wurden.

Dieses Buch verstärkt das Bewusstsein der Einheit allen Lebens sowie die Herz- und Seelenfrequenz. Das führt zu einer erhöhten Synchronizität der Ereignisse und damit zum Flow in unserem Leben. Ich kann es mit ganzem Herzen empfehlen.

Ich danke Pavlina für den Mut, ihrem Herzen zu folgen und uns in ihren wunderbaren Büchern mitzunehmen auf den Schwingen des Kosmos. Es macht diese Bücher ebenso wertvoll für jeden Einzelnen wie ihre Vorträge und Seminare. Auch dieses Buch ist wieder ein wahres Ereignis, das lange in der Seele nachschwingt.

In Liebe,
Jeanne Ruland

Einleitung der plejadischen Zivilisation

Liebe Lichtboten und Träger der Liebe,

seid gegrüßt in unserem Raum und in unserer Zeit! In unserer Zeit der Dankbarkeit und in der Zeit der unendlichen Sehnsucht nach Ruhe, Frieden und Harmonie.

Unsere Zeit, die sich in anderen Parametern als auf eurer Erde abspielt, ist durch unsere Gedanken und durch unsere positiven Emotionen messbar.

Durch Emotionen der Liebe, Harmonie und des Glücks.

Das ist unser Maßstab und das ist alles, was für uns und für unser Lebensziel zählt. Nicht mehr und nicht weniger. In diesen Parametern des zeitlichen Denkens befinden wir uns gerade und sprechen von dieser Ebene aus zu euch.

Unsere Wahrnehmung und unsere Verbindung zu euch sind herzlich und friedlich. Ihr befindet euch in unseren Herzen und in unseren Gedanken.

Unsere Gedanken und unsere Hilfe, mit der wir zu euch kommen, sind rein und klar. Friedlich und ohne Erwartung des Dankes.

Wir handeln durch unser reinstes Bewusstsein. Unsere Haltung euch gegenüber ist bedingungslos rein. Unsere Absicht, euch zu helfen, kommt von der göttlichen höchsten Intelligenz in unsere Herzen. Und nach diesen reinsten und höchsten Gesetzen handeln und fühlen wir.

Wir fühlen, dass euer Weg zur Erleuchtung noch eine gewisse Zeit und eine gewisse Unterstützung braucht, damit auch ihr mit reinen Herzen, die nur die reinsten göttlichen Schwingungen aufnehmen, in unsere zeitlichen Parameter aufsteigen könnt.

Wir bewegen uns in euren Parametern kraft unserer Gedanken und durch unser Licht. Unser Licht braucht nicht unbedingt physische Materie, damit wir existieren können. Unser Bewusstsein, das sich in Lichtenergie konzentriert, dehnt sich in Zeit und Raum aus und benötigt nicht unter allen Umständen eine Körperhülle. Es braucht sie nur dann, wenn es in die physischen Ebenen eures Planeten herabsteigen und unsere friedlichen Pläne verwirklichen möchte, die wir zum Wohl der menschlichen Gemeinschaft durchführen – zum Wohl und mit Hilfe der göttlichen reinsten Intelligenz.

Unsere Herzen schwingen mit einer ebenso lichtvollen Schwingung wie unser Bewusstsein.

Dadurch haben wir die Erleuchtung unseres Geistes erzielt und alle Barrieren überwunden, die uns daran hinderten, uns absolut und glücklich mit dem Licht der göttlichen Intelligenz zu verbinden.

Unsere Anbindung an die göttliche Intelligenz und die Erleuchtung des Geistes brachte uns Glück auf allen Ebenen unseres Seins. Ein solches Glück, dass wir jetzt in Form unserer physischen Manifestation die Möglichkeit zur Manifestation von Gedanken haben, was unter normalen Umständen nur in der Dimension der Ewigkeit oder im Sein in der Lichtform möglich ist.

Unser Sein und unser Bewusstsein brachten uns Möglichkeiten unglaublichen Ausmaßes. Unsere Verbindung mit Gott lässt uns eine mit Worten nicht beschreibbare Einheit und liebevolle Kraft erleben. Sie lässt uns ihre riesige und unendliche Materie spüren und wahrnehmen. Die lichtvolle wie die physische Materie. Unbeschreibliches Glück und unglaublich tiefe Liebe erfüllen und erleuchten unser Sein und unsere Existenz – unsere Existenz, die sich in alle Räume und in alle Zeiten ausdehnt.

Die Zeit, die für uns lediglich ein Wort ist, bietet uns Möglichkeiten des Seins, die für uns Wege sind, ein Abenteuer zu erleben. Zeit spielt für uns keine Rolle, aber wenn wir zu einem Abenteuer aufbrechen wollen, benutzen wir die Zeit als Transportmittel in Räume und Zeiten, die besucht werden sollen und in denen verschiedenste Angelegenheiten geheilt oder berichtigt werden sollen.

In eines dieser Verkehrsmittel setzen wir uns gerade und bereiten uns darauf vor, euch in eurem Raum und eurer Zeit mit unserer lichtvollen Anwesenheit zu helfen.

In eurer Realität, in der ihr euch gerade befindet.

Eure Realität hat nicht wenige Verletzungen erlitten, und es ist an der Zeit, bestimmte Angelegenheiten eures Raums und eurer Zeit zu »reparieren«.

Mit unserer Hilfe und eurer Erlaubnis. Mit der Erlaubnis eurer Seelen und mit der Erlaubnis eures Geistes.

Die göttliche Intelligenz hat uns in eure Realität gesandt und wartet auf eure Zustimmung und darauf, dass ihr eure »irreale« Situation versteht. Eine Situation, die durch einen ungeplanten Ablauf entstanden ist. Ein Teil des menschlichen Plans ist von der göttlichen Ordnung abgewichen. Die Umstände und bestimmte Wesen ließen den menschlichen Plan von der Göttlichkeit abweichen.

Indem ihr einwilligt und eure Situation versteht, kann es uns gelingen, eure Realität zu verändern und sie auf andere, positive Weise ablaufen zu lassen. Bitte versteht, dass eure Einwilligung und euer Verständnis eure mögliche neue positive Realität starten können und euch in Räume aufsteigen lassen, auf die die menschliche Seele lange gewartet hat und nach denen sie sich schon Jahrtausende gesehnt hat.

Versteht bitte, dass jeder Bewohner eures Planeten das göttliche Licht in sich trägt und jeder Bewohner fähig ist, dieses Licht in sich zu finden. Es genügt, sich an seine Göttlichkeit zu erinnern. Jeder Bewohner dieses Planeten, jede Seele, wurde im göttlichen Licht geboren, und jede Seele nähert sich mit der jetzigen Schwingung des Planeten Erde unaufhaltsam ihrer Bestimmung.

Jeder Bewohner dieses Planeten ahnt unterbewusst, dass Liebe sein höchstes göttliches Gefühl ist, und jeder Bewohner dieses wunderschönen Planeten sehnt sich nach Liebe. *Jeder.*

Auch der Mensch, der sich nach außen hin stark und mächtig zeigt, sehnt sich nach einer einzigen Sache – und das ist Liebe.

Aus der Liebe kommen wir alle und mit Liebe können wir alle eure Realität »reparieren« und sie in eine andere Richtung lenken. In Richtung Liebe und Verständnis.

Unsere lichtvolle Hilfe wird sich in Form von Liebe äußern. Wir bieten nur diese einzige, aber machtvollste Form der Hilfe an. Hilfe in Form von Liebe. Liebe, die in IHRER Liebe und in IHREM Charakter am machtvollsten und bedingungslosesten ist.

Die Bereinigung eurer Situation kann nur durch Liebe vollzogen werden, da jede andere Form der Berichtigung zu energetischen »Nebenprodukten« führen würde, die eure menschliche Entwicklung belasten und sich in negativen energetischen Abdrücken eurer Realität manifestieren würden. Jede andere Form der Bereinigung, die sich auf andere Art abspielen würde, würde euch letztlich schaden – und deshalb ist es notwendig und unerlässlich, anzufangen zu handeln und mit liebevollem Handeln zu *bereinigen*.

Jede menschliche Gemeinschaft hat verschiedene und vielfältige morphogenetische Energiefelder ihrer Realität erzeugt. Jede Gemeinschaft der menschlichen Zivilisation erzeugt unterschiedliche energetische Abdrücke in ihrer Realität. Dennoch ist die bedeutendste Größe, die alle eure menschlichen Gemeinschaften verbindet: *die Energie und Form der Liebe*. Jede Gemeinschaft und jedes Volk sehnt sich tief drinnen nach Liebe und nach der Vereinigung der menschlichen Seelen der jeweiligen Gemeinschaft zu einem Ganzen.

Und alle Einheiten eurer Gemeinschaft erzeugen mit der Zeit eine riesige Gesamtform – und das ist die Verbindung aller Seelen dieses Planeten in Liebe und Göttlichkeit.

Das ist das einzige Hauptziel, das die menschliche Gemeinschaft gerade verfolgt – die Verbindung der Seelen aller menschlichen Wesen dieses Planeten in Liebe und Glück.

Die menschliche Zivilisation und ihre Zukunft steuern auf das Goldene Zeitalter und all seine offenen Möglichkeiten zu.

Das Bewusstsein der menschlichen Zivilisation wächst. Die Menschheit nähert sich unaufhaltsam und in Meilensprüngen dem Goldenen Zeitalter an.

Der Geist so manches menschlichen Individuums ahnt noch nicht, welch riesige positive Veränderungen auf ihn warten. Die Geister vieler menschlicher Individuen ahnen es nicht, aber die Seele eines jeden Bewohners eures Planeten spürt diese Veränderung deutlich und erwartet sie ungeduldig.

Wir senden jetzt und in diesem Augenblick zu jedem Bewohner dieses Planeten und zu jedem Teil deiner Seele die tiefe und bedingungslose Liebe der göttlichen Intelligenz, die durch unsere Herzen und durch unser Bewusstsein zu euch vordringt. Wir verwirklichen den Plan der göttlichen Intelligenz – nämlich allen menschlichen Seelen dieses Planeten Liebe und

Licht zukommen zu lassen, damit sie sich an ihre lichtvolle Essenz erinnern können.

Gebt uns bitte eure Einwilligung, in Lichtform in eure Realität einzusteigen und lasst uns die Aufgabe erfüllen, die uns die göttliche Intelligenz und ihre Strahlen aufgetragen haben: Eure Herzen und eure Realität zu heilen und damit das Sein auf allen Ebenen eurer Existenz zu durchleuchten!

Eure plejadische Gemeinschaft

1

Neustart für die Menschheit und eine Botschaft des Lichtrats

Im Raum der lichtvollen Dimensionen geht es uns sehr gut. Was früher beschwerlich und schwer verwirklichbar für uns gewesen ist, gelingt uns nun. Und zwar die Realisierung unserer Gedanken und die Realisierung unserer Wünsche.

Auch für die menschlichen Individuen eröffnen sich momentan neue Realitäten und Räume für neue, einzigartige Möglichkeiten. Möglichkeiten undenkbarer Parameter und Ausmaße.

Eure früheren Generationen, die auf diesem Planeten weilten, setzten die ersten Meilensteine (oder Schritte) und die ersten morphogenetischen Felder eurer menschlichen Zivilisation. Ihr Wissen wurde in diese energetischen morphogenetischen Felder eincodiert und die nachfolgenden menschlichen Generationen, die auf den Planeten Erde inkarniert sind, konnten aus diesem Wissen schöpfen. Jedes Individuum, das hier auf der Erde bestimmte Erfahrungen gesammelt hat, erweiterte und bereicherte diese Felder.

Ganze energetische Wolken eurer menschlichen Erfahrungen und eures Wissens befinden sich in unterschiedlichsten Räumen und Zeiten eurer menschlichen Realität. Zu diesen

Erfahrungen habt ihr alle unmittelbaren Zugang. Es genügt, es sich bewusst zu machen.

Die Zeiten, in denen ihr hier auf der Erde als »Einzelkämpfer« gelebt habt, sind schon längst vorbei. Nun kommt eine Zeit, in der das menschliche Individuum im Rahmen des Kollektivs vollwertig fungieren wird – und das mit allen Möglichkeiten, die vom Kollektiv geboten werden.

Das menschliche Individuum wird beginnen, sich seiner *Kraft*, die es sich mit anderen Individuen des Kollektivs teilt, bewusst zu werden. Es wird anfangen, sich bewusst zu werden, dass es alle menschlichen Erfahrungen und alles Wissen, das die Menschheit angesammelt hat, positiv für sich nutzen kann. Es wird ihm bewusst, dass ein Leben im Kollektiv auf diesem Planeten schnellere und reichere Ergebnisse bringt.

Es wird ihm bewusst, dass sich seine Möglichkeiten mit der positiven Kraft des Kollektivs vervielfachen und erhöhen. Es wird sich bewusst machen, dass es Wohlstand auf allen Ebenen erleben kann, wenn es nicht in sich gekehrt ist und sich verschließt. Es wird verstehen, dass es sich mit der reinsten Absicht, die es für sich und für andere aufbringen kann, in seiner Existenz und in allen Möglichkeiten des Lebens hier auf der Erde bereichert.

Das menschliche Individuum muss wieder Vertrauen gewinnen und aufhören sich zu sorgen, dass das Leben nur schlechte Situationen bringt. Wenn es sich bewusst wird, dass die reinste Absicht es mit den reinsten Strahlen der göttlichen Intelligenz verbindet, hat es auf allen Ebenen gewonnen.

Die menschliche Gesellschaft hat viele schlechte und dramatische Situationen erlebt. Wir verstehen, wie schwer es euch fällt, tief in euch Vertrauen in das neue positive Leben zu finden.

Wir verstehen, dass viele menschliche Individuen ihr Vertrauen – wie ihr sagt – für immer verloren haben. Sie haben viele Situationen erlebt, die ihren Geist tief erschütterten.

Die heutige menschliche Situation befindet sich in einer Zeit, in der es notwendig ist, einen »Neustart« zu machen und von vorne zu beginnen – mit *Gedankenhygiene* zu beginnen und nur positive und bereichernde Gedanken zuzulassen. Wir nennen diese neue Zeit »Neustart«, und wir haben die große Ehre, euch durch diese Zeit zu begleiten.

Unsere lichtvolle Begleitung würde aber keine Früchte tragen, wenn sich das menschliche Individuum nicht führen ließe und ihr unsere Ratschläge, die mit reinsten Absichten kommen, nicht annehmen würdet.

Wir haben einen Wunsch. Wir möchten, dass das menschliche Individuum anfängt, seine Größe und seine unendlichen Möglichkeiten zu verstehen.

Wir möchten, dass das menschliche Individuum versteht, dass es uneingeschränkten und augenblicklichen Zugang zu den morphogenetischen Feldern der menschlichen Zivilisation und sofortigen Zugang zu den morphogenetischen Feldern der göttlichen Intelligenz hat, wenn es im Interesse *reinster Absichten* handelt.

Diese jetzige Zeit des Neustarts erfordert positives Denken, positives Handeln und eine gewisse positive Disziplin seines Handelns. Nur so kann der Neustart verwirklicht werden und die Menschheit wird beginnen können, weitere neue morphogenetische Felder zu erzeugen.

Die Zeiten der Dunkelheit, die die menschliche Zivilisation ganze Jahrtausende lang erlebt hat, beginnen sich in lichtvollen Schwingungen aufzulösen. Eure Erdkugel hat sich an diese Schwingungen bereits angebunden und transformiert fortwährend und verstärkt negative Ereignisse und negative Energien, die sich in den vergangenen Jahrtausenden auf ihr abgesetzt haben.

Das menschliche Individuum wurde in letzter Zeit ständig dazu aufgerufen, sein Handeln zu berichtigen und anzufangen, positiv zu denken. Es wurde aufgerufen, positiv bei sich selbst zu beginnen und dadurch seine Energiefelder auf weitere menschliche Individuen zu übertragen. Diese Maßnahme – bei sich selbst zu beginnen – gilt jetzt mehr als je zuvor.

Die Zeit des Neustarts hat gerade begonnen und es ist notwendig, mit jeder eigenen Tat, wirklich *jeder eigenen Tat*, dem morphogenetischen Feld der menschlichen Zivilisation und ihrer *Existenz* wichtige und positive Informationen und Handlungen hinzuzufügen.

Hört auf, über das Schicksal zu klagen, hört auf, euch durch eure Urteile an andere menschliche Individuen, die ihren Weg noch suchen, zu binden – *und startet neu.*

Das ist die wichtigste und machtvollste Bereinigung des Bewusstseins der menschlichen Gemeinschaft!

Lichtvolle Individuen, denen die Situation auf dem Planeten Erde klar ist, haben durch ihr Licht und ihr Verständnis der Situation soeben mit der Berichtigung des jetzigen Stadiums begonnen. Ihr Licht, ihre Liebe und ihr Verständnis bringen anderen Individuen große Hilfe.

Mit jedem ihrer positiven erleuchteten Gedanken und Taten erweitern und bereichern sie das morphogenetische Feld der menschlichen Gemeinschaft und erhöhen dadurch die Schwingungen der Menschheit als Ganzes.

Die ganzheitliche Bewusstwerdung darüber, dass die Menschheit in unserem gemeinsamen Universum nur funktionieren und – erlaubt uns diesen starken Gedanken auszusprechen – als Ganzes überleben kann, führt zur verstärkten Erkenntnis über die Ernsthaftigkeit dieser Situation und sollte nur zu positivem Handeln des menschlichen Individuums führen.

Die hellen Individuen haben bereits eine Menge heilender Schritte für sich selbst und für andere unternommen und dadurch eine große Menge verschiedenster menschlicher Ebenen und Dimensionen geheilt.

Es ist notwendig zu verstehen, dass die menschliche Existenz mehrere Realitäten gleichzeitig durchdringt, und umso notwendiger ist die Heilung aller ihrer zeitlichen Parameter.

Helle Individuen durchleuchten mit ihrem Licht ihre Realität und zugleich auch die Realitäten anderer in ihrem Leben. Mit ihren lichtvollen Schwingungen und Photonen verbinden sie sich mit weiteren lichtvoll schwingenden Individuen oder lichtvollen Wesen.

Dadurch erhöhen sich ihr Licht und ihre lichtvolle Schwingung immerzu, sie vervielfachen sich und wachsen.

Licht ist nämlich seiner Existenz und seinem Wesen nach ganz und gar *unendlich*.

Helle Individuen, die sich durch ihr Licht mit weiteren Lichtwesen verbunden haben, haben sich dadurch mit den göttlichen Strahlen verbunden. Die göttlichen Strahlen haben sie sich erinnern lassen. Sie haben sich dadurch an ihre Essenz erinnert. Diese Essenz ist der ewige »Motor«, der sie weiter und weiter gehen lässt und der sie positiv handeln lässt. Ein erwachtes menschliches Individuum ist eine *strahlende Sonne*, die ihre Lichtstrahlen ausdehnt und mit diesen Strahlen die Realitäten ihres Seins durchleuchtet und erwärmt.

Es ist wunderschön, euch lichtvolle strahlende Individuen zu beobachten – zu sehen, wie viele Sonnen sich auf eurem Planeten bereits befinden und sich mit weiteren Strahlen menschlicher Individuen und mit deren reinen Herzen verbinden. *Je reiner eure Herzen sind, umso strahlender sind eure Lichtstrahlen und eure Realität.*

Sicher könnt ihr bestätigen, ihr, die ihr dem Strahlen der Sonne ähnelt, dass sich euer Leben mit Hilfe eurer lichtvollen Schwingungen zum Besseren verändert hat. Euer Licht hat die Dimensionen der dunklen Realität durchleuchtet und zum Positiven umprogrammiert. Dunkle Parallelwelten wurden farbig und strahlend. Euer Herz hat automatisch negative Situationen, die in den unterschiedlichsten Möglichkeiten paralleler Welten verborgen waren, umprogrammiert. Euer *Licht* erzeugt eure *neue Realität*. Eine lichtvolle und strahlende Realität.

Wie einfach dieses Prinzip doch ist. Helles zieht Helles an und Dunkles zieht Dunkles an.

Sicher habt ihr festgestellt, dass sich einige eurer menschlichen Kollegen von euch abgewandt haben. Sie fühlten sich in eurer Anwesenheit nicht wohl, da euer Licht negativen Gedanken keinen Raum gibt. In eurer Anwesenheit geht es vielen negativ denkenden Kollegen schlecht, weil ihre Probleme und Negativitäten sich langsam »im rechten Licht« zeigen und ihre Probleme sich in eurer Gegenwart automatisch transformieren. Das bringt Veränderungen in ihr festgefahrenes Leben, und sie sind psychisch noch nicht auf diese Veränderungen vorbereitet und wenden sich lieber von euch ab. Sie wollen der *Wahrheit* nicht ins Auge blicken.

Seid aber darüber nicht traurig. Diese Menschen brauchen noch eine gewisse Zeit. Ihre Seele hat euer Licht registriert und mit Sicherheit in ihrem Gedächtnis abgelegt. Viele solcher Menschen werden ihren eigenen Weg der Erkenntnis gehen.

Die Zeit des Neustarts bringt auch menschliche Kollegen wieder in dein Leben, die dich vor einer gewissen Zeit – und das können mehrere Jahre sein – verlassen haben. Sie kehren zu dir zurück, gereinigt und voller Verständnis. Sie gingen eine Zeit lang ihren eigenen Weg, ihr Licht erhöhte sich und im Laufe der Zeit zog dein Licht, das ihre Seele in ihrem Gedächtnis abgespeichert hat, sie wieder zurück in dein Leben.

Du wirst Menschen begegnen, die du schon längst vergessen hast. Menschen, die in der Zwischenzeit ihre Lichtschwingung erhöht haben und sich über deine Gegenwart wieder freuen. Falls du zwischen dir und diesen Menschen noch unverarbeitete Themen oder Emotionen spürst, vergib ihnen und segne sie. Gleiche damit die Energie zwischen euch aus und entledige dich der Vergangenheit, die deine Gegenwart und damit auch deine Zukunft belastet und unnötig schadet.

Versuche, allen menschlichen Individuen zu vergeben, die dich je verletzt haben. Segne sie auf allen Ebenen ihrer Existenz. Du befreist sie, und vor allem befreist du dich selbst. Diese Zeit des Neustarts stellt eine unvermeidbare und bedingungslose Zeitsequenz dar, bevor ihr in das Goldene Zeitalter eintretet.

Jede Negativität, die sich in euren Herzen oder in euren Systemen befindet, bringt euch vom Eintritt in das Goldene Zeitalter ab oder könnte euch davon abbringen!

Der göttliche Plan ist momentan absolut klar. Im Jahr 2020 beginnt ihr, ins Goldene Zeitalter überzugehen, und im Jahr 2021 werdet ihr euch im Goldenen Zeitalter befinden! Das Jahr 2021 wird ein magisches Jahr, ein Jahr der unbegrenzten Möglichkeiten. Neue Dimensionen eurer menschlichen Realität werden erschaffen, und damit beginnen sich Möglichkeiten für die Menschheit zu eröffnen, von denen sie bisher nur träumen konnte.

Durch die Anhebung eures Bewusstseins fangt ihr an, euch mit neuen Räumen der göttlichen Intelligenz zu verbinden, und euer Geist wird in der Lage sein, seine Gedanken zu materialisieren und zu realisieren. Eure Gedanken werden das unmittelbare Produkt eures Geistes sein. *Für den Einstieg in das Goldene Zeitalter ist es notwendig, eure Gedanken auf das Positive auszurichten und euch dadurch mit weiteren positiv denkenden Individuen eures Planeten zu verbinden und mit positiv denkenden Individuen, die sich auf anderen Planeten eurer gemeinsamen Galaxis befinden.*

Aktuell geht es um die Anhebung des Bewusstseins der Menschheit – und im weiteren Verlauf wird es um die *Verbindung* des Bewusstseins der Menschheit mit anderen friedliebenden außerirdischen Individuen und Wesen gehen.

Nun kehre zu dir zurück und fange bei dir selbst an. *Dein reines Herz ist der Schlüssel zur Heilung deiner Existenz und zur Heilung der Existenz anderer menschlicher Wesen.*

Wir werden dich bei diesem Prozess weiterhin begleiten, sofern du es uns erlaubst.

Wir treten wieder in deine Dimension und in deine Realität ein. Wir helfen dir dabei, die Reste des Negativen, das sich noch in deinem Herzen oder in deinem System befindet, zu heilen. Wir helfen durch deine persönliche Heilung auch weiteren Individuen deines Planeten.

Schritt für Schritt wird es uns gelingen, die Chronik der menschlichen Gemeinschaft zu heilen, und es wird uns gelingen, in vielen weiteren Individuen die Erinnerung an ihre eigene Essenz und an ihre göttliche Energie zu wecken.

Schritt für Schritt wird es uns gelingen – und das dank deiner Bemühungen –, neue Hoffnung in den menschlichen Wesen aufflammen zu lassen, und es wird gelingen, in der Lichtform Verletzungen und Ungerechtigkeiten vergessen zu lassen, die der Menschheit Tausende von Jahren zugestoßen sind.

Schritt für Schritt wird es uns gemeinsam gelingen, dass die menschlichen Individuen wieder Vertrauen zur Gerechtigkeit der kosmischen Gesetze gewinnen, und es wird uns gelingen, Verantwortung für das Verhalten des menschlichen Individuums zu verankern.

Schritt für Schritt wird es uns gelingen, neue positive Grundsteine für die neuen Realitäten der Menschheit zu legen.

Der Lichtrat spricht zu euch

»*Wir, eine lichtvolle Konfiguration friedliebender außerirdischer Wesen, verbinden uns in diesem Augenblick kraft der Gedanken unseres positiven kollektiven Bewusstseins mit euch. Wir durchdringen eure Realität mit unserer und bringen euch Liebe, Licht und Frieden.*

Wir sprechen zu euch und verbinden uns durch diese Worte, die lichtvolle Schwingungen der göttlichen Liebe enthalten, mit euch.

Wir sprechen zu euch und verbinden unser Sein mit euch. In unserem gemeinsamen Universum.

Wir übertragen in diesem Augenblick Frequenzen der Dankbarkeit und des Verständnisses auf euch. Wir übergeben euch Lichteinheiten und Impulse, die ihr für eure weitere Entwicklung benötigt. Wir erhöhen durch diese Worte eure Lichtschwingung, und dadurch binden sich ganze Zellsysteme eures Körpers an die Frequenz des Lichts an.

Wir verbinden euch in diesem Augenblick mit der Frequenz der Hoffnung und der Frequenz des neuen positiven menschlichen Bewusstseins.

Wir sprechen zu euch und lassen euch nun die neuen, erhöhten Lichtfrequenzen fühlen, die euch als Menschheit heilen und zu

> *neuen positiven Realitäten und Parametern führen. Fühlt sie und verbindet euch mit ihnen.*
>
> *Wir begleiten euch mit reinster Intention und mit reinsten göttlichen Absichten.*
>
> *Wir sind durch Liebe und Licht verbunden.*
>
> *In diesem Augenblick senden wir heilende Lichteinheiten auf den Planeten Erde.*
>
> *Frieden mit euch, Frieden mit uns.«*

Mit diesen Worten und ihren Frequenzen wurde soeben eure Lichtintensität erhöht. Deine Seele konnte sich erneut an ihre göttliche Essenz und an ihre Existenz erinnern. Erneut und in diesem Augenblick. Diese Worte bringen dir Hoffnung und Kraft für deine neue positive Zukunft.

Diese Worte und ihre Energie sind unabhängig von Zeit. Sie kommen zu dir und bringen dir Anbindung und Heilung in deinem Raum und in deiner Realität. Wann immer du diese Anbindung wiederholen möchtest, lese dir diese Zeilen durch und du erhältst die notwendige Lichtintensität; eben so viel, wie du brauchst.

Für deine Heilung und für die Heilung der Menschheit!

… **2** …

Die Blume des Lebens

Liebe Lichtboten!

Nach den einleitenden Worten, die der kosmische Lichtrat an euch gerichtet hat, verbinden wir uns durch unsere Energie, unser Licht und unsere Liebe mit euch. Wir binden uns an euch Lichtboten und wichtige Mitglieder der menschlichen Gemeinschaft an.

Wie der Lichtrat bereits mitteilte – es ist das Wichtigste, sich zu erinnern. Sich an euer Licht zu erinnern, an eure Verbindung mit Gott beziehungsweise mit den göttlichen Strahlen der Liebe und Intelligenz.

Deine Existenz in der Dimension der Ewigkeit der göttlichen Liebe brachte dir Glück, Freude und Anbindung an andere Lichtwesen. Deine Existenz in der Dimension der Ewigkeit war ewig und mit allen erdenklichen Möglichkeiten deiner Realitäten verknüpft. Dein Bewusstsein ließ dich so leben – existieren, wie es für dich gerade richtig war. Dein Bewusstsein ließ dich deine Existenz so erleben, wie du sie dir erwünscht hast, und deine Gedanken waren nur ein Transportmittel zu weiteren Dimensionen und Realitäten deines

Seins. So einfach ist das Sein in der lichtvollen Dimension. So einfach und wunderbar.

Viele menschliche Individuen, die aus der menschlichen Hülle ausgestiegen und wieder in sie zurückgekehrt sind, können von der Realität berichten, die sich zwischen diesen Dimensionen befindet. Wie leicht und unkompliziert das Sein in der Dimension der Ewigkeit ist. Wie vielfältig und unendlich in den unerschöpflichen Möglichkeiten.

Was alle menschlichen Individuen gleichermaßen berichten ist, dass du in der Dimension der Ewigkeit als Ganzes fungierst. Als Einheit. Du fungierst als ein riesiges Ganzes und als Einheit, *die sich durch dein Bewusstsein ausdehnt.* Je klarer dein Bewusstsein ist, desto klarer sind deine Verbindung, dein Licht und deine Liebe, die dich in dieser Dimension existieren lassen und die dich gleichzeitig nährt. Jedes menschliche Individuum, das in die Körperhülle zurückgekehrt ist, weil seine Lebenslinie hier auf der Erde noch nicht vollendet war, kann mit Sicherheit bestätigen, dass das magische Zusammentreffen mit den Lichtwesen und das Spüren ihrer Liebe sein irdisches Leben und seine Ansichten verändert hat.

Diese Individuen haben begonnen, sich der riesigen und ganzheitlichen Liebe bewusst zu werden. Sie haben angefangen, ihre Gedanken anders auszurichten, und sie haben angefangen, sich auf die positiven Ziele ihres Lebens zu konzentrieren. Sie schätzen jeden Augenblick des irdischen Lebens und ihnen ist klar, dass das Leben hier auf der Erde eine gewisse Bedeutung hat und dass die Inkarnation auf der Erde gewissermaßen ein Besuch ist. Sie sind sich bewusst, dass der Aufenthalt hier auf der Erde zu den bedeutenden Erlebnissen ihrer Existenz gehört.

Diese Individuen haben begonnen, sich der Liebe bewusst zu werden. Der unendlichen Liebe, die sie in ihrem Herzen tragen. Sie haben verstanden, dass Liebe das höchste und mächtigste Gefühl ist, das der Mensch in sich trägt und das uns alle verbindet.

Damit du dich erinnerst, dass Liebe das höchste Gefühl und die stärkste Kraft ist, musst du nicht aus deinem physischen Körper aussteigen. Es genügt, wenn diese Worte, die wir dir nun angetragen haben, dein Herz erwärmen – und dein Herz wird beginnen, sich zu erinnern.

Deine Herzenskraft ist um ein Vielfaches größer als die Kraft deiner gedanklichen Gehirnwellen. Deine Herzenskraft verbindet deine Existenz mit Parallelwelten und Paralleldimensionen deiner Existenz.

Deine geometrische Signatur, die dich an die geometrische Signatur des Universums anbindet, wird durch Impulse der liebevollen Intensität deines Herzens genährt. Je liebevoller und reiner dein Herz ist, desto stärker ist deine Verbindung mit der reinsten geometrischen Signatur des Universums. Mit der reinsten und strahlendsten Signatur.

Oft haben wir die Bedeutung des Kreises erwähnt und aufgezeigt. *Der Kreis ist die Grundlage und der Ursprung von allem, was ist.* Übergänge in andere Dimensionen eurer Existenz sind in Form von kreisrunden Portalen anzutreffen. Ebenso Übergänge von irdischen in lichtvolle Dimensionen. Gleichzeitig auch Übergänge in parallele oder zeitliche Dimensionen eurer Existenz.

Alles, beginnend beim Atom oder beim Molekül über die Form eurer Erdkugel und anderer Planeten bis hin zu Galaxien und den unterschiedlichsten Universen – alles hat die Form eines Kreises.

Der Anfang eures irdischen Lebens im Schoß eurer Mutter beginnt in Form eines runden Eis und endet zur letzten Phase der Schwangerschaft mit dem Austritt des Kindes aus dem Schoß der Mutter, der ebenfalls die Form eines Kreises aufweist. Ein neuer Anfang und Übergang in eine neue Dimension der Existenz ...

Eure Stimme ertönt durch euren Mund, der die Form eines Kreises hat. Euer Mund, ein Tor zur irdischen Welt ...

Die Geometrie des Kosmos ist präzise und fehlerfrei. Alles muss in die Ordnung des Kosmos passen. Genau so wie euer geometrisches Netz, das sich mit der Ordnung des Kosmos verbindet.

Damit du dich gut anbinden und die geometrische Ordnung des Universums nutzen kannst, ist deine Bewusstwerdung darüber wichtig, dass deine Herzenskraft und seine Reinheit die Stabilität deines geometrischen Netzes und seine Anbindung an das Universum gewährleisten. Die Reinheit deines Herzens ist das, was dich nährt, was dich existieren lässt und dich mit den reinsten Formen des Universums und seiner Liebe verbindet.

Dein reines Herz ist das, was dich »zum Menschen macht«. Der Mensch, ein reines Wesen, das auf den Planeten Erde inkarniert ist, zeichnet sich durch das eine Zeichen aus – seine *Reinheit*. Der Mensch und seine Zivilisation wurden in der reinsten Liebe der göttlichen Intelligenz geboren. Die menschliche Rasse ist unter uns außerirdischen Zivilisationen als Rasse bekannt, die sich durch ihr reines Herz ausweist und darüber kommuniziert. Wir können bezeugen, dass der Mensch zu den reinsten Zivilisationen unserer gemeinsamen Galaxis gehört.

Wenn sich unsere Zivilisationen gerade beraten und über die nächsten Schritte unserer Hilfestellung der menschlichen Zivilisation und Rasse diskutieren, erfüllt uns augenblicklich das Gefühl von Glück und Herzensreinheit.

Wir können bezeugen, dass ihr Menschen nichts an eurer Reinheit eingebüßt habt. Ihr wurdet durch die dunklen Zivilisationen mit schlechten Eigenschaften und Verhaltensweisen »infiziert«.

Aber der Mensch als solcher gehört zu den reinsten Rassen.

Immer, wenn wir an eure Rasse denken (für uns seid *ihr* die außerirdische Rasse), verbinden wir unsere Herzen mit der gesamten Herzenskraft eures menschlichen Kollektivs und fühlen, was für die Heilung eurer Herzen notwendig ist.

Dein reines Herz lässt dich gesund auf allen Ebenen deines Seins sein. Auch deine physische Gesundheit wird durch die Reinheit des Herzens beeinflusst. Wenn das Herz rein ist, ist es an die reinsten Schwingungen des Universums angebunden. Und in der Reinheit des Universums existieren keine Krankheiten. Hier existieren keine Schmerzen oder physische Beschwerden. Dein reines Herz heilt dich auf allen Ebenen deiner Existenz! Dein reines Herz lässt reinste Schwingungen und Formen des Universums zu dir strömen. Deine Seele hat die Möglichkeit, sich auf diese Weise mit den hellsten Formen und Wesen unterschiedlichster Dimensionen zu verbinden.

Indem du absolut rein schwingst, passt du genau in die reinste Form des Universums.

Und über dein geometrisches Netz bist du mit der Unendlichkeit der göttlichen Intelligenz verbunden.

Es ist wichtig zu begreifen, dass dein physischer Körper sich aus verschiedensten Dimensionen und Parametern zusammensetzt. Dein physischer Körper ist in der Lage, sich visuell in mehreren Parametern und Dimensionen gleichzeitig zu befinden. Deshalb ist es notwendig, sich immer wieder auf sein reines Herz und auf seine reinste Anbindung an die Liebe des Universums zu konzentrieren.

Dein physischer Körper erzeugt durch seine Bewegung auf diesem Planeten eine unzählige Menge energetischer Abdrücke. Überall, wo du dich je befunden hast, befindest oder noch befinden wirst, wird eine unendliche Menge energetischer Abdrücke deines Körpers, deiner Materie erzeugt. Es ist notwendig, in der reinsten Liebe zu leben und zu existieren, damit du hier auf der Erde und in ihren Parametern und Dimensionen deine reinsten energetischen Abdrücke hinterlässt. *Vergiss nicht, dass du eine Realität lebst, die du dir erschaffst.*

In der Dimension der lichtvollen Ewigkeit existiert keine Zeit. Aus der Dimension der Ewigkeit wirst du als Mensch aus Sicht der reinsten Liebe betrachtet. Dort verbindet sich alles Geschehen, das du hier auf der Erde erschaffen hast, zu einem energetischen Abdruck. Und der sollte so rein wie möglich sein, damit du auch in der Dimension der Ewigkeit eine sofortige Verbindung mit der Liebe findest und nach dem Fortgang aus deinem physischen Körper zuerst deine Frequenz anheben musst. *Konzentriere dich bereits in diesem Augenblick auf die Reinheit deines Herzens.*

Beginne mit deinem Neustart schon jetzt und mache dir die Kraft deines Herzens und deiner Herzensliebe bewusst.

Deine Herzenskraft lässt dich mit der Zeit die Fähigkeit der Materialisation deiner reinsten Gedanken entwickeln. Schließlich sind deine reinsten Gedanken ein Produkt der Fülle, die sich um uns alle herum befindet. Die reinsten Gedanken in Verbindung mit der reinsten Schwingung deines Herzens bringen dir Heilung auf allen Ebenen deines Lebens und deines Seins. Auf diesem Planeten und auf allen Ebenen deiner Existenz.

Damit du dich an das makellose Lichtnetz des Universums anbinden kannst, genügt es zu verstehen, dass alles aus Kreisen besteht. Genauso wie dein geometrisches Netz. Das gilt es zu verstehen: Die ursprüngliche und grundlegende Signatur des Universums, der Code des Universums, *besteht aus Kreisen.* Der lichtvolle Gencode des Universums und eures Seins – ist ein Kreis, sind Kreise, verbundene Kreise und einander überschneidende Kreise.

Das Symbol, das die Menschheit seit jeher kennt und zur Harmonisierung verschiedenster Angelegenheiten oder zur Harmonisierung der Gesundheit nutzt, das Symbol, das von der menschlichen Gemeinschaft »Blume des Lebens« genannt wird – dieses Symbol und seine geometrische Essenz sind die *Grundlage eures Seins* und die Grundlage der Geburt aller lebenden und nicht lebenden Formen.

Die Blume des Lebens. Welch machtvolles Symbol und machtvoller Helfer für die Rückkehr des Wohlergehens und der ursprünglichen Signatur des Seins eurer Existenz.

Das Symbol der Blume des Lebens ist nur ein geringer Teil der gesamten und unendlichen Verbindung mit allen Formen und Strukturen unseres gemeinsamen unendlichen Universums. Unendlich in seinen Räumen und Zeiten.

Dennoch ist es notwendig zu verstehen, dass diese unendliche Form der Existenz aus regelmäßiger Geometrie besteht. Alles ist nach den göttlichen regelmäßigen Parametern geschaffen. Alles hat seine Ordnung und sein System. Alles. *Absolut alles.*

Auch du und deine Körperhülle und dein Bewusstsein sind an das Bewusstsein der göttlichen Intelligenz angebunden. Das Bewusstsein deines reinsten Herzens bringt dich in göttliche Ordnung und das göttliche System.

Wenn du dir bewusst wirst, dass dein geometrisches Netz dich mit allen Ebenen deines unendlichen Seins verbindet, wirst du dein Leben auf diesem Planeten mit größerem Bewusstsein und mit einem besserem Verständnis für deine Existenz leben. Du wirst dir dann bewusst sein, dass dich nichts von diesem unendlichen Ganzen abtrennen kann. Nichts – bis auf negatives Denken und negative Taten.

Das Symbol der Blume des Lebens ist ein Code und Grundmuster des Kosmos. Dieser Code und dieses Bildnis, diese Form wiederholt sich ständig, verwebt und vervielfacht sich. Es ist die ursprünglichste und reinste Form des Universums. Mit ihrer Hilfe könnt ihr euch heilen und harmonisieren.

Je reiner dein Herz im Laufe der Zeit wird, umso intensiver und stabiler wird deine Verbindung mit dem Universum. Desto kraftvoller wird für dich der mögliche Übergang in verschiedenste Dimensionen.

In Bewusstseins- und Existenzdimensionen.

In unseren vorangegangenen Botschaften haben wir euch unterschiedlichste Arten der Reinigung an die Hand gegeben, und als helles Individuum hast du sicher schon eine ganze Anzahl von Transformationsprozessen durchlaufen. Sicher hast du dein Herz und dein System bereits größtenteils von Belastungen und Negativitäten befreit. Umso einfacher und gezielter wird daher jetzt deine Anbindung an dieses reinste »Bewusstseinsnetzwerk« des Universums sein.

Die folgende Übung zeigt dir eine sehr einfache Methode auf, die jedoch grundlegend für deine Harmonisierung, Anbindung und deinen Schutz ist. Verwende diese Methode, wann immer du sie benötigst.

Dein Gesamtsystem wird gestärkt und stabilisiert. Deine Licht- und Seelenform werden vor »Fallen« und vor dem Negativen der irdischen Welt geschützt.

Einzig und allein die Reinheit deines Herzens bestimmt die Intensität dieser Anbindung.

Übung

Atme tief und konzentriere dich auf dein Herz.

Blicke ins Innere deines Herzens, in dein Herzorgan.

Beobachte, ob dein Herz strahlt. Falls nicht, lasse dein Herzorgan sich erhellen und beobachte weiter, wie es wie eine Sonne in deinem Körper leuchtet. Falls du Sorgen oder schlechte Gedanken hast, die deinen Geist bedrücken, dann lasse sie gehen.

Sei in diesem Augenblick nur für dich, du bist der wichtigste Mensch, der mit seiner eigenen Heilung auch seine Liebsten und seine Umgebung heilen kann. Konzentriere dich nur auf dich und auf die Reinheit deines Herzens und deiner Gedanken.

Atme tief und lasse mit jeder Ausatmung Sorgen und Gedanken, die dich belasten, gehen.

Kehre nun wieder zu deinem Herzen zurück, das jetzt wie eine wunderschöne Sonne strahlt und deren Strahlen deinen ganzen Körper erhellen. Beobachte, wie der ganze Körper strahlt.

Lasse dieses klare Licht deine Aura durchdringen. Dein Licht ist mächtig und du strahlst liebevoll in alle Richtungen deiner Existenz.

Stelle dir nun die Blume des Lebens als 3D-Form vor. Sie ist eine plastische und riesige Kugel.

Stelle dich jetzt in diese Blume des Lebens hinein, ganz genau in ihren Mittelpunkt – platziere ihr Zentrum in deinem Herzen.

Verstärke die Intensität deines liebevollen Herzenslichts und durchleuchte mit deinem Herzen alle Strukturen dieser wunderschönen Kugel.

Du bist dadurch absolut an den ursprünglichen Code und die Signatur des Universums angebunden. Du bist absolut mit der göttlichen Ordnung verbunden. Durch deine Anbindung an die Blume des Lebens harmonisierst du dich und bist energetisch geschützt.

Atme tief und mache dir die Kraft deiner Verbindung mit dem Universum und damit der Verbindung mit dir selbst bewusst.

Falls du deine Verbindung mit der göttlichen Signatur noch verstärken möchtest, visualisiere, wie sich diese plastische Blume des Lebens in ihrer Struktur immer weiter bis ins Unendliche ausdehnt.

Segne dich auf allen Ebenen deiner Existenz.

Weitere Informationen zur Blume des Lebens

Die Blume des Lebens ist ein Symbol und Code der Ewigkeit. Ihre Kreisform, die sich von der Unendlichkeit ableitet, bildet dreidimensional eine Spirale, die eine geometrische Struktur des Kosmos ist – des Universums.

Du sollst wissen: Ihre Gestalt ist sehr ursprünglich und enthält die Essenz aller existierenden Elemente.

Wenn du genau in die Signatur des Universums passt, verschmilzt du mit dem riesigen und unendlichen Geschehen von allem, was ist. Du verschmilzt mit dieser Essenz und deine Existenz ist ewig und ohne Grenzen. Es existieren keine Hindernisse mehr zwischen dir und der göttlichen Intelligenz.

Die Blume des Lebens ist ein Symbol, das du überall und ohne »Nebenwirkungen« einsetzen kannst. Bis vor kurzem manipulierten die dunklen Mächte auch diese Symbole der heiligen kosmischen Geometrie. Die dunklen Mächte nutzten das Vertrauen der Menschen aus und banden die menschlichen Individuen an die heiligen Symbole der negativen Energie an. Genau so, wie sie die Heiligkeit von Jesus Christus und seine Geschichte zu ihrem Vorteil missbrauchten, veränderten und eine Unzahl an Symbolen und heiligen Zahlenreihen umprogrammierten. (So auch die bereits in Band 4 erwähnten Worte »Amen«, »Segen«, die Namen Aufgestiegener Meister und ihre Zahlencodes wie etwa 33.)

Die göttliche Intelligenz hat in dieser Zeit alle heiligen Symbole und heiligen Namen und Begriffe gereinigt, neu programmiert und wieder positiv energetisiert.

Indem du die Symbolik der heiligen Geometrie verwendest, verbindest du dich wieder mit der reinsten Frequenz des Universums. Durch Visualisation oder die Verwendung der Blume des Lebens kommst du erneut in göttliche Ordnung. Deine Zellen erkennen augenblicklich die göttliche Ordnung dieses Codes und beginnen sich sofort auf diese Ordnung hin zu programmieren. Deine Zellen fühlen sich dadurch in die Ordnung gezogen und übergeben deiner Seele harmonisierende Impulse.

Die Symbolik der Blume des Lebens, die aus Kreisformen gebildet wird, hat eine sehr viel tiefere Bedeutung, als »nur« eine Harmonisierung deines Organismus zu sein.

Über die Kreisformen, mit denen du verbunden bist, steigst du in verschiedenste Dimensionen und Realitäten ein. Jeder Schnittpunkt der Kreisformen steht für einen möglichen Einstieg in neue Ebenen deines Seins.

Jeder Schnittpunkt verbindet dich mit weiteren Möglichkeiten der Anhebung deines Bewusstseins.

Die Kreisformen, aus denen das Universums geschaffen ist, sind einfach gesagt ein »kosmisches Bewusstseinsnetzwerk«. Dieses Netzwerk ist genial durchdacht und makellos. Dieses Bewusstsein durchdringt und verbindet sich mit absolut allen Räumen und Zeiten des Universums. Jede Kreisform, jede Spiralform beeinflusst die anderen Formen des ganzen Universums. Jede, wirklich jede Form dieser kosmischen Signatur ist mit weiteren Formen verbunden. Alle sind absolut miteinander verbunden. (Das bedeutet, dass alles, was du ins Universum aussendest, in diesem Netzwerk verzeichnet und in die Gesamtsignatur dieses Netzwerks eingegeben wird!)

Kurz gesagt, die Signatur des Kosmos ist ein unendliches großes Ganzes, das in der Lage ist, Informationen schneller als mit Lichtgeschwindigkeit zu übertragen, denn im Universum gibt es auch andere Möglichkeiten der Kommunikation als nur lichtvolle Kommunikation. Diese kosmische Signatur ist ein riesiges, sich gegenseitig beeinflussendes Ganzes. Hier herrschen absolute Genauigkeit und Ordnung.

Durch deine Anbindung an das kosmische Bewusstseinsnetzwerk verbindest du dich mit diesem unendlichen Ganzen und mit unendlichen Möglichkeiten. Du gehörst zu diesem vollkommen perfekt funktionierenden Ganzen.

Dein Bewusstsein erhöht sich Schritt für Schritt.

Schritt für Schritt näherst du dich deiner ursprünglichen Essenz. Schritt für Schritt erinnert sich deine Seele, und dein Herz verbindet dich mit der universellen Ordnung.

Du hast in deiner Entwicklung riesige Schritte gemacht und schreitest voran. Dir droht kein absoluter Absturz in die dunkle Vergangenheit mehr, weil du verstehst, dass nichts anderes als dein Geist und deine Gedanken dich mit der dunklen Vergangenheit verbinden können.

Du verstehst, dass dein Handeln auf diesem Planeten eine sehr viel tiefere und weitreichendere Bedeutung hat, als »nur« zu leben. Es geht hier um dein Sein, um deine Existenz und um das Erkennen deiner Existenz. Deine heilenden Schritte verbinden dich mit neuen Möglichkeiten und mit unendlich vielen Varianten deiner Existenz.

Durch deine Existenz näherst du dich dem Goldenen Zeitalter an. Schritt für Schritt.

Frieden mit dir, Frieden mit uns.

Anmerkung der Autorin

Das Symbol der Blume des Lebens kannst du wieder verstärkt in dein Alltagsleben einbinden. Die Information dieses Symbols kannst du zum Beispiel auf dein Wasser übertragen, indem du dein Glas Wasser für mindestens drei Minuten darauf stellst. Das Glas sollte im besten Fall glatt, ohne irgendeine Struktur oder Aufschrift sein. Wasser ist ein intelligentes kosmisches Element, das die Information dieses Symbols aufnimmt und auf die Zellen deines Körpers überträgt.

Das Symbol der Blume des Lebens kannst du auch in deinem Haus verwenden. Platziere es beispielsweise an Fenstern, Türen oder an der Eingangstür. Besonders in Räumen, die keine gute Energie haben, bewährt sich die Verwendung der Blume des Lebens.

Mit dem Symbol der Blume des Lebens kannst du auch deinen Kristall aufladen. Lege deinen Kristall für ungefähr zehn Minuten auf dieses Symbol und lege ihn danach auf dein Herz oder erfreue dich einfach nur an seiner wunderschönen, harmonischen Energie.

Kleine Kinder, Tiere und Pflanzen reagieren sehr schnell auf die harmonisierende und heilende Form dieses Symbols, da sie überaus gut an ihre Essenz angebunden sind. Es ist eine Freude zu beobachten, wie schnell sie zu ihrer göttlichen Ordnung zurückkehren.

4

Kontakt mit eurer Familie und euren Liebsten im Licht

Für die absolute Anbindung und Verbindung mit der Lichtwelt und ihren Wesen ist vollkommenes Vertrauen notwendig. Vollkommenes Vertrauen, dass die Welt der Lichtwesen um euch herum existiert und ihre genau festgelegten Regeln hat. Es sind Regeln des Lichts und Regeln der Liebe. Es sind Regeln liebevoller Frequenzen, die die Lichtwesen untereinander verbinden.

Euer Leben im Licht, an das ihr euch in diesem aktuellen Leben nicht erinnern könnt, brachte euch Glück und Harmonie auf allen Ebenen eures Seins.

Die momentane Situation auf der Erde ist sehr kompliziert und für den physischen menschlichen Körper anstrengend. Aus diesem Grund sind viele eurer menschlichen Kollegen aus dem irdischen Leben ausgetreten, weil ihre physische Hülle die starken, reinigenden Schwingungen, die aus dem Universum kommen, nicht ertragen haben.

Ein energetisch gereinigter Geist und ein ebensolches Herz sind die »Rettung« für diese aufregende kosmische Situation. Viele eurer menschlichen Kollegen haben diese Situation unterschätzt und den Kampf zwischen den energetischen Veränderungen und ihrer Persönlichkeit aufgegeben.

Viele menschliche Individuen gingen davon aus, dass die Belastungen, die von der Seele auf den Körper übertragen worden waren, nicht so schwerwiegend sind, und viele dieser Individuen verloren bis zum letzten Augenblick ihres Seins hier auf der Erde die Hoffnung nicht, dass ihre Körperhülle die physische Krankheit aushält und diese schwierige Zeit übersteht.

Aber viele menschliche Individuen haben auch die Ernsthaftigkeit der jetzigen Situation verstanden und begonnen, sich auf positives Denken und auf positive Frequenzen zu orientieren. Selbst wenn einige von ihnen ihre physische Hülle verlassen mussten, weil die Belastungen zu groß geworden sind, hat ihr Verständnis darüber, dass es notwendig ist positiv zu denken, ihren Geist und ihre Seele geheilt. Der *Weg des Verständnisses* hat ihre feinstoffliche Existenz geheilt. Es war zwar nicht mehr möglich, die physische Hülle zu retten, aber ihr Verständnis und ihre Umorientierung zum Positiven brachte ihnen Heilung auf feinstofflichen Ebenen.

Die menschlichen Kollegen, die euch in dieser Zeit verlassen mussten, haben die Ernsthaftigkeit der ganzen Weltsituation wohl oder übel verstanden. Sie haben diese Situation aus dem globalen Blickwinkel verstanden – da sich alle Seelen in der Dimension der Ewigkeit als ein Ganzes vorfinden. Sie können zwar einzeln handeln und existieren, aber es verbindet sie das unendliche Bewusstsein des unendlichen Geschehens.

Spätestens nach dem Fortgang aus dem physischen Körper haben sie verstanden, was sie hier auf der Erde »falsch« gemacht haben. Ja, sie haben es verstanden.

Für all das Gute, das sie für ihr Wohl und für das Wohl anderer getan haben, wurden sie von den Lichtwesen gefeiert.

Wir wissen, dass der Fortgang eines Familienmitglieds oder einer nahestehenden Person viel emotionalen Herzschmerz verursacht. Wir wissen, wie sehr ihr unter dem Fortgang eines euch Nahestehenden leidet.

Glaubt aber daran, dass die Existenz eurer Familienmitglieder deswegen nicht zu Ende geht. Sie haben zwar ihren physischen Körper verloren, aber das bedeutet nicht, dass ihr Sein verschwunden ist. Im Gegenteil. Ihre Wahrnehmung, Ausdehnung und Liebe haben sich in unendliche Räume und Dimensionen hinein verstärkt.

Eure Liebsten können euch jederzeit erhören und »besuchen«, wann immer ihr euch nach ihrer Gegenwart sehnt. Es ist wichtig zu verstehen, dass sie sich lediglich in einer anderen Dimension eurer Wahrnehmung befinden. Ihre Existenz ist noch genau mess- und fühlbar. Sie bewegen sich nur in anderen zeitlichen Parametern, sind nur einen Gedanken weit von euch entfernt. Gerade dieser euer Gedanke ist der Maßstab der Entfernung zwischen euch und euren Liebsten. Ja, *nur* eure Gedanken trennen euch voneinander. Je schneller sich eure Gedanken bewegen, desto schneller erfolgt der Kontakt zwischen euch. Euch trennen buchstäblich Bruchteile einer Sekunde voneinander. Gedanken sind »Brücken« für die Kommunikation mit euren Verstorbenen.

Die Kommunikation mit verstorbenen menschlichen Individuen verläuft auf einer anderen Kommunikationsebene als die Kommunikation mit anderen Lichtwesen wie etwa Engeln.

Engel sind sehr feinstoffliche Wesen, die durch die reinste Liebe Gottes genährt werden. Die Kommunikation mit Engeln funktioniert daher am besten über Frequenzen der reinsten göttlichen Liebe.

Wenn ihr mit den euch Nahestehenden kommunizieren wollt, macht euch bewusst, dass sie sich zwar in der Dimension der lichtvollen Ewigkeit befinden, die menschlichen Seelen aber immerzu in der Art der menschlichen Kommunikation mit euch verbunden sind. Das heißt, in der Kommunikation der Gedanken und Worte. Ihre Existenz im Licht hat zwar ihre Wahrnehmung zu einem positiveren und lichtvolleren Charakter hin verändert, aber sie hat nicht die mögliche Kommunikation mit euch in Form von menschlichem Bewusstsein und Wissen verändert.

Eure Liebsten im Licht sind in der Lage, jeden eurer Gedanken und jede eurer Emotionen zu empfangen. Schließlich gehörten sie noch bis vor Kurzem der Gemeinschaft der Menschheit an! Sie haben nichts von ihrer Kommunikation und von der Muttersprache ihrer letzten Inkarnation verloren. Sie haben nur ihren physischen Körper verloren.

Ihr habt jederzeit die Möglichkeit, mit ihnen zu kommunizieren und mit ihnen zu sprechen.

Menschliche Seelen sind untereinander durch menschliches Bewusstsein verbunden und gleichzeitig durch die riesige göttliche Kraft und Liebe.

Damit ihr mit euren Liebsten kommunizieren könnt, braucht ihr nicht unbedingt die Hilfe einer anderen Person.

Es genügt, wenn ihr euch einen Augenblick der Ruhe sucht, eure Gedanken auf die betreffende Person konzentriert und mit ihr zu sprechen beginnt, als würde sie sich physisch bei euch befinden. Eure Gedanken sind »Brücken« für die Kommunikation zwischen euch und menschlichen Verstorbenen.

Vergesst nicht, dass die euch nahestehende Person aus der Dimension des Lichts und der Liebe zu euch kommt. Schafft also für die Kommunikation eine angenehme Atmosphäre, damit sie sich in eurer irdischen Gegenwart ruhig und vor den Negativitäten des irdischen Lebens beschützt fühlt. Ihr kennt die Gewohnheiten der euch nahestehenden Person am besten und könnt deshalb so handeln, als wäre sie wirklich anwesend.

Viele eurer menschlichen Kollegen, die hier auf der Erde mit einer erweiterten Bewusstseinsentwicklung gelebt haben, sind fähig, selbst mit euch zu kommunizieren. Sie sind fähig, euch während eurer persönlichen Kommunikation telepathische Antworten zu geben, die ihr als eure Intuition wahrnehmt. Viele von ihnen können euch zum Beispiel sich wiederholende Zeichen geben, damit ihr ihre Gegenwart bemerkt und die Bedeutung ihrer Zeichen versteht.

Viele menschliche Seelen sind in der Lage, ihre Gedanken mit Hilfe von Visionen oder Worten mitzuteilen, die ihr dadurch empfangen könnt.

Zur Kommunikation mit euren Liebsten ist absoluter Glaube an ihre Existenz notwendig. Außerdem ein Handeln mit den reinsten Absichten.

Falls sich eure Liebsten schon eine längere Zeit in der lichtvollen Dimension aufhalten, haben sie ihr Bewusstsein den Frequenzen der reinsten göttlichen Intelligenz angeglichen. Ihre Antworten auf eure Fragen werden euch sehr weise und edel erscheinen. Sie sind mit weiteren Licht- und Engelwesen verbunden, und das zeigt sich auch in diesen reinsten, lichtvollen Gedankenschwingungen.

Vielleicht werdet ihr das Gefühl haben, dass ihre Gedanken nicht von der authentischen Person sind, die ihr hier auf der Erde in Erinnerung habt. Glaubt aber daran, dass ihr Bewusstsein lichtvoll und in Bezug auf die Intelligenz erweitert wurde. Trotzdem sind sie mit euch über die menschliche Bewusstseinsbrücke verbunden.

Eure Liebsten nehmen euer Leben auf diesem Planeten weiterhin so wahr, als wären sie immer noch hier. Sie sind nur durch eine minimale zeitliche und räumliche Verschiebung von euch getrennt. Viele von euch vergessen diese Tatsache und verbannen ihre verstorbene Familie oder ihre Nächsten dadurch aus ihrem Geist.

Ihr erhaltet von ihnen aber sehr viel Unterstützung auf eurem irdischen Weg, wenn ihr diese annehmt und wenn ihr die Existenz eurer Familie im Licht zulasst.

Diejenigen von euch, die sich ständig schmerzlich nach ihren Verstorbenen sehnen oder die ihnen nichts Gutes wünschen, ziehen sich selbst und die Verstorbenen in eine niedrigere Schwingungsstufe der menschlichen Existenz herunter. Ihr könnt euch das so vorstellen, dass die Verstorbenen, die euer Verhalten beobachten und dabei keine Möglichkeit haben, eure Meinung zu ändern, mit euch leiden und sich in Räumen befinden, die mit lichtvollen Schwingungen nichts zu tun haben.

Sie haben nur dann die Möglichkeit »aufzusteigen«, wenn ihr nicht negativ an sie denkt. Mit jedem trauernden oder negativen Gedanken zieht ihr sie augenblicklich zurück. Ihre vergeblichen Versuche, endlich zu lichtvollen Dimensionen zu gelangen, spiegeln sich in eurem Geist, eurer schlechten Laune und schlechtem Schlaf, in eurer depressiven Wahrnehmung bis hin zu physischen Belastungen eures Körpers. Eure gemeinsame Verzweiflung bindet euch aneinander. Oft überträgt sich diese Verzweiflung auch auf andere Familienangehörige.

Glaubt uns, dass ihr euch selbst und euch nahestehenden Verstorbenen helft, wenn ihr aufhört zu trauern und verzweifelt zu sein. Freut euch mit ihnen!

Jeder von euch hat die Möglichkeit, in die reinsten lichtvollen Schwingungen zu steigen. Vergönnt euren Liebsten diese Ruhe, diesen Frieden und dieses Glück. Erlaubt ihnen, die irdische Welt und ihre Schwingungen zu verlassen.

Sofort nach dem Verlassen der physischen Hülle trennt sich die Seele des Menschen von physischem Schmerz ab. Jede Seele nimmt nach dem Austritt aus dem Körper die Emotionen und Gedanken der Hinterbliebenen wahr. Es ist absolut menschlich und normal, seinen menschlichen und anfänglichen Schock über den Verlust des Verstorbenen zu verarbeiten. Es ist menschlich und normal, dass jeder Mensch wegen des Verlusts eines lieben nahestehenden Menschen trauert. Diese Phase sollte aber nicht allzu lange andauern.

Jedes menschliche Individuum wird durch die Lichtwesen einige Zeit im Voraus und rechtzeitig auf seinen Fortgang aus der physischen Hülle vorbereitet. Auch die Individuen, die – in euren Augen – einen plötzlichen Tod erlitten haben.

Jede Seele wird vorbereitet und es wird mit ihr vorab kommuniziert. Jede Seele ist mit dem Fortgang aus der irdischen Welt einverstanden. Jede menschliche Seele hat ihren Fortgang aus dieser Welt vor ihrer Inkarnation auf die Erde selbst programmiert und vor ihrem Tod wird sie durch die Lichtwesen an diesen Augenblick erinnert. Der menschlichen Seele werden Impulse und Informationen übergeben, wann sie in der Zeit vor ihrem Fortgang noch die Möglichkeit haben wird, bestimmte Schritte zu machen, die der Heilung und Entwicklung der Seele helfen.

Nach dem Aussteigen der Seele aus dem Körper wird die Seele augenblicklich an die Frequenz der Lichtschwingungen angebunden, die die Seele sozusagen in einen lichtvollen, schützenden Cocon hüllen. Gleichzeitig ist dieser Cocon durchlässig für weitere lichtvolle Frequenzen, die der Seele bei der schrittweisen Ausdehnung und Erweiterung der Seelengröße helfen. Aber zuallererst wird die Seele durch eben diesen Cocon geschützt, damit sie sich in Ruhe an die lichtvollen Dimensionen anbinden kann. Die Seele des Menschen ist dadurch von Licht und Liebe umgeben. Die Engelwesen, die den Menschen das ganze irdische Leben lang begleitet haben, werden von der Seele des Menschen sofort wahrgenommen und ihre Liebe und ihr Verständnis sind eines der ersten Erlebnisse, die die Seele des Menschen nach dem Austritt aus dem Körper wahrnimmt.

Die Seele befindet sich zwar noch nah an ihrem Körper, ist aber frequenzmäßig bereits an die Lichtwelt und ihre Wesen angebunden. Das Bewusstsein der Seele und der Großteil ihrer Aufmerksamkeit richten sich schon auf diese Existenz der Liebe.

Die Dimensionen öffnen sich und über Lichtportale kommen nach und nach Familienangehörige, die den Menschen ebenfalls auf seinen Fortgang vorbereitet haben. Sie begrüßen die Seele in der Lichtwelt.

Für den Übergang ins Licht öffnet sich dann eine große Menge an Toren. Die Seele kann sich aussuchen, welchen Weg sie nimmt. Alle führen jedoch in die gleiche Richtung und alle Wege vereinen sich zu einem großen Weg – dem Eingang. Dem Eingang in die lichtvollen Dimensionen der Ewigkeit. Die Seele des Menschen *kann* nichts falsch machen, alle Wege führen zu Gott. Entscheidend ist es, sich auf den gemeinsamen Weg zu machen.

Jede Seele wünscht sich die Rückkehr in ihre wahre Heimat. An der Rückkehr hindern sie die überlange Verzweiflung der Hinterbliebenen oder unverarbeitete negative Emotionen.

Es ist normal, dass die Seele des Menschen sich nach dem Tod in Begleitung der Engelwesen und anderer verstorbener Angehöriger noch eine gewisse Zeit lang hier auf der Erde, in dieser Dimension, aufhält. Viele Seelen möchten sich noch verabschieden und »physisch« der ganzen irdischen Familie und den Liebsten begegnen. Sie hat oft den Wunsch, ihre Freunde aus der Kindheit zu besuchen oder Menschen, die Hilfe in ihrem Leben oder in ihrem Wachstum brauchen, Impulse und Informationen zu übergeben. Sehr häufig besuchen sie noch ihre geliebten Orte.

Doch auch die Lichtwelt hat ihre Regeln und die Mehrheit der Seelen wird nach ihrer physischen Beerdigung ins Licht geleitet. Die Dauer des Aufenthalts nach dem Tod dort beträgt meistens zehn Tage, aber manchmal wird die Aufenthaltsdauer nach dem Tod durch die Lichtwesen verlängert, wenn noch eine Heilung bestimmter Situationen oder Lebensbereiche notwendig ist.

Jede Seele wird durch die Lichtwesen aufgerufen, die irdische Welt zu verlassen, und jede Seele wird in Liebe und Harmonie begleitet. Jede Seele hat die Möglichkeit, auf natürlichem Wege zu gehen.

Des Öfteren passiert es, dass die Seele nicht rechtzeitig gegangen ist oder den Zugang zu den himmlischen Toren verloren hat. Das ist für die Seele sehr unangenehm und »seelisch« äußerst schmerzhaft. Dadurch, dass ihr der Fortgang nicht so gelungen ist, wie er sollte, verbleibt sie hier in der irdischen Zwischendimension. Diese Zwischendimension unterliegt einer gewissen Zeitverschiebung, die die Seele daran hindert, sich in die Dimension der Ewigkeit zu begeben. Wir bezeichnen diese Verschiebung als »Zeitverwerfung«, und sie macht einen unangenehmen Übergang in die Dimension der Ewigkeit erforderlich.

Die Seele bleibt hier, was bedeutet, dass sie das Leben und Geschehen um sich herum in vollem Ausmaß wahrnimmt. Der Unterschied besteht lediglich darin, dass sie ihren physischen Körper verloren hat. Der Aufenthalt in dieser Zeitverwerfung bringt für die Seele große Herausforderungen. Das Sein in dieser Zwischendimension bedeutet auch, weitere Seelen und Wesen anzutreffen, die den Zugang in die Dimension der Ewigkeit nicht gefunden haben oder denen der Zugang durch die Lichtwesen verwehrt wurde.

Solche Seelen leben in Verzweiflung und hoffen, dass sie jemand aus diesem Raum befreit und sie dadurch in ihre Heimat aufsteigen können.

Viele menschliche Seelen, die ihren Körper durch Freitod verlassen haben, befinden sich ebenfalls in dieser Dimension – und sie finden sich in Verzweiflung wieder, in noch größerer Verzweiflung als zu Lebzeiten.

Aber auch in diesen Räumen können sie die Hilfe Gottes finden, sofern sie für diese Hilfe bereit sind und die Hilfe annehmen wollen. Sie erhalten Hilfe in Form von göttlichem Licht – Lichtstrahlen, die durch diese finstere Ebene zu ihnen gelangen –, und jede Seele hat dadurch die Möglichkeit, sich an ihre Göttlichkeit und an ihre wahre Heimat zu erinnern. Sie erhalten die Möglichkeit, ihre Essenz zu reinigen und ihre Selbstliebe zu finden. Diese kann sie befreien und kann ihnen helfen, höher aufzusteigen.

Wenn die Seele aber allzu »menschlich« ist und kein Interesse an ihrer Heilung oder an der Veränderung ihres Zustands hat, passiert es, dass sie sich in dieser Dimension sehr lange aufhält. So lange eben, bis sich die Seele für ihre Heilung und ihren Aufstieg entscheidet.

Viele Seelen, die keinen anderen Weg der Befreiung kennen, versuchen den Familienangehörigen oder Freunden alle möglichen Zeichen zu geben, um auf ihre Existenz aufmerksam zu machen. Vielleicht hattet ihr auch schon Kontakt mit einer solchen unglücklichen Seele, die um Hilfe bat.

Einer solchen Seele geht es um nichts anderes, als dass man sich ihrer gewahr wird und dass ihr auf dem Weg »nach Hause« geholfen wird. Viele dieser Seelen haben ein bestimmtes Problem, das sie aufklären oder zumindest teilen möchten. Ein Problem, das ihnen nicht erlaubt zu gehen.

Falls ihr Phänomene wie zum Beispiel …

- Luftzüge in eurer Nähe
- plötzliche Kälte oder Hitze
- Geräusche im Haus, als würde sich die betreffende Person im Haus bewegen
- Zeichen in Form von An- und Ausschalten elektrischer oder elektronischer Geräte
- Bewegen von Gegenständen oder Abdrücke auf Glasscheiben oder Spiegeln
- sich wiederholende Zeichen
- psychische Verstimmungen oder physisches Unwohlsein oder gar Schmerz

… wahrgenommen habt, dann könnt ihr euch sicher sein, dass es sich um einen verstorbenen Menschen handelt, der verzweifelt Hilfe sucht.

Die Seele, die offensichtlich auf sich aufmerksam macht und keine Hilfe oder Aufmerksamkeit bekommt, manifestiert sich häufig im energetischen System des Menschen und erzeugt dadurch ein seelisches oder physisches Ungleichgewicht.

Falls ihr Schwäche, Schwere, Gereiztheit, Schlaflosigkeit, depressive Zustände, verschiedenste negative oder schmerzhafte Manifestationen eures Körpers fühlt, hat sich mit großer Wahrscheinlichkeit eine Seele, die Hilfe bei euch sucht, in eurem System festgesetzt.

Warum sie sich gerade bei euch festgesetzt hat, hat absolut klare Gründe.

Entweder habt ihr mit dem Verstorbenen noch irgendeinen ungeklärten Konflikt oder ihr seid eine Person, von der die Seele des Verstorbenen glaubt, dass ihr genug Licht und Erfahrung in euch habt, um der betreffenden Seele zu helfen und sie ins Licht zu führen. Die Seele fühlt sich von eurem Licht angezogen. Sie erkennt euch »von weitem«. Ihr müsst keine verwandtschaftliche Verbindung zu der betreffenden Seele haben.

Seelen erkennen euch an der Intensität eures Lichts. Ihr seid für sie helle Ankerpunkte.

Viele menschliche Seelen, die in dieser zeitlichen Zwischendimension gefangen sind, warten auf Hilfe durch »helle« Individuen, da sie es alleine nicht geschafft haben, ins Licht zu gehen.

Falls du in eine solche Situation geraten bist und eine menschliche Seele bei dir oder in deiner Umgebung spürst, kannst du folgendes Vorgehen anwenden, um dieser Seele zu helfen. Das Geleiten der Seele ins Licht kann jeder von euch schaffen, es gibt nichts zu befürchten. Es kommt ganz auf euer Vertrauen in euch selbst und auf das Vertrauen in die Lichtwesen an.

Ritual

Schaffe vor der Durchführung dieses Rituals eine angenehme Atmosphäre. Zünde eine Kerze an, am besten eine weiße. Du kannst angenehme Meditationsmusik auflegen, die dich beruhigt. Trinke Wasser. Wasser ist ein Leiter zwischen der irdischen und der himmlischen Welt. Diese zwei Welten vereinst du durch deinen Willen und durch ausreichend Wasser im Körper zu einer.

Setze dich nun hin und rufe Erzengel Azrael zu dir, der dabei hilft, Seelen ins Licht zu führen. Rufe Erzengel Metatron, Michael und Rafael. Bitte alle Erzengel, die dir helfen können, um ihre Anwesenheit.

Bitte deine Engel- und Lichtwesen um Hilfe.

Bitte die Engel- und Lichtwesen der betreffenden Seele um Hilfe. Und das auch dann, wenn du nicht weißt, um welche Seele es sich handelt.

Bitte alle Engel- und Lichtwesen um Hilfe, die dir beim Geleiten der Seele aus diesem Zeitraum helfen können.

Durchleuchte dein Herz mit goldenem Licht und bitte Erzengel Michael um Schutz bei deiner Arbeit.

Erzeuge visuell eine vierseitige Pyramide über deinem Kopf. Die Spitze dieser Pyramide stellt den Übergang in die lichtvolle Dimension dar.

Sprich nun:

»Ich bitte jetzt und in diesem Raum um die Hilfe der Lichtwesen. Ich handle mit reinster Absicht und ich handle im Interesse des göttlichen Plans dieser Seele.

Ich bitte alle Engel- und Lichtwesen, ich bitte alle Familienangehörige und Verwandte dieser Seele, die sich gerade im Licht befinden, um Hilfe.

Öffnet nun die Tore zur lichtvollen Heimat dieser menschlichen Seele und zeigt ihr den Weg. Begleitet sie in ihrer Reinheit und in der Reinheit ihres Geistes.

Erzengel Azrael, Metatron, Michael und Rafael, reinigt diese Seele von menschlichen, negativen Angelegenheiten und befreit sie von allen Belastungen, die sie hindern zu gehen.

Reinigt bitte alle Personen, die mit dieser Seele eine energetische Belastung haben und lasst alle Negativitäten sich in göttlichem Licht auflösen.

Lasst diese Seele sich erinnern und lasst sie ihre reinste Essenz erkennen.

Ich segne diese Seele auf allen Ebenen ihres Seins. Ich segne alle Personen, die mit dieser Seele etwas zu tun hatten. Ich segne alle Lichtwesen und ich segne die göttliche Intelligenz.

Heilung, Heilung, Heilung.«

> Bleibe noch ruhig sitzen. Du kannst der Seele noch etwas mitteilen, was du ihr immer schon mitteilen wolltest, oder du kannst ihr deine guten Wünsche für ihren Weg nach Hause aussprechen.
> Übergib alle positiven Intentionen deine guten Gedanken den Lichtwesen. Sie kümmern sich um die Seele.
> Bedanke dich bei ihnen für ihre Arbeit.
> Durchleuchte jetzt erneut dein Herz.
> Lasse dein Herzenslicht sich in deinen Körper und in deine Aura ausbreiten.
> Bitte Erzengel Michael um spirituellen Schutz für deinen Körper und dein energetisches System.

Manchmal kann es einige Tage dauern, bis es der Seele zur Gänze und ein für alle Mal gelingt, in ihre lichtvolle Heimat zu gehen. Falls du das Gefühl hast, dass sich die Seele immer noch in deiner Nähe befindet, steht es dir frei, dieses Ritual jederzeit zu wiederholen.

5

Das Leben im Jenseits

Nachdem die Seele in die lichtvollen Dimensionen gegangen ist, beginnt für sie ein friedliebendes und liebevolles Abenteuer. Die Seele, die sich auf einmal im niemals endenden Raum wiederfindet, beginnt zu verstehen, dass sie zu diesem niemals endenden Raum gehört.

Sie beginnt zu verstehen, dass der physische Körper der Existenz auf dem Planeten Erde diente und dass ihre Existenz – die Essenz der Seele – das Wichtigste und gleichzeitig unverzichtbar ist.

Sie beginnt zu verstehen, dass die wahre Existenz nicht endend und unendlich ist. Sie beginnt sich in diesem Raum umzusehen und weitere Formen der Lichtwelt wahrzunehmen. Sie nimmt wahr, dass alles aus Lichtfrequenzen und aus Liebe besteht.

Alle Lichtformen sind veränderbar in Raum und Zeit.

Die Seele nimmt nach dem Austritt aus dem Körper Räume wahr, die ihr vorher nicht möglich waren zu erfassen.

Es handelt sich um Räume, die mit weiteren Räumen und Zwischenräumen und mit weiteren Zeiten und Zeitsequenzen verbunden sind. Räume, in denen man sich kraft der Gedanken bewegen kann. Mit lichtvollen Impulsen. In solche zeitlichen Räume können Seelen jederzeit einsteigen. Wann immer sie das möchten.

Wenn es erforderlich ist, eine bestimmte Situation, die die Seele auf diesem Planeten erlebt hat, zu bereinigen, kann die Seele durch ihren Willen in diese Zeit zurückkehren und sie mit ihrer Liebe und mit Licht harmonisieren.

Viele Seelen, die in der aktuellen Zeit in lichtvolle Dimensionen gegangen sind, nutzen häufig diese Art der Wiedergutmachung von Lebenssituationen, damit ihre irdische Linie und ihr irdisches Sein harmonisiert werden.

Seelen, die in dieser Zeit aus dem irdischen Leben treten, erhalten vermehrt Möglichkeiten der Wiedergutmachung, da sie oftmals unter dem Einfluss dunkler Individuen oder Mächte gehandelt haben und unter normalen Umständen nicht so gehandelt hätten.

Weil das lichtvolle Sein in der Lichtwelt unendliche Möglichkeiten mit sich bringt, haben sie Zugriff auf gerade diese Vorzüge bei der Harmonisierung des irdischen Lebens.

Die Lichtwelt lässt der Seele solch einen intensiven Schutz und solche Liebe zukommen, dass die menschliche Seele nach relativ kurzer Zeit vergisst, welche schlechten Dinge auf der irdischen Welt geschehen sind, und dann existiert sie vor allem in Erinnerungen der Freude und Liebe. Dies hat die Seele auf dem Planeten Erde ernährt – und dies ernährt sie auch in der Lichtwelt.

Riesige Freude bereitet den Seelen die Verbindung von Licht und Liebe untereinander. Je schöner und reiner die Verbindung ist, desto schönere Farbformationen und lichtvoll durchleuchtete Formationen von Lichtwesen entstehen.

Diese atemberaubende Harmonie, dieses Glück und diese Liebe, die auf euch alle wartet, ist so wunderschön, dass sie mit menschlichen Worten und Vergleichen nur schwer zu beschreiben ist. Eure Vorstellungen können niemals an diese Vielfalt, die sich in der Lichtwelt abspielt, herankommen. Hier existieren die verschiedensten Formen des Seins.

Je reiner das Herz des Menschen auf der irdischen Welt war, desto reiner, strahlender und klarer ist die Farbe und Form der Seele des Menschen. Der Grad der Reinheit des Herzens entscheidet darüber, wie ihr euch in der Lichtwelt fühlen werdet und wie tief und weit ihr euch mit anderen lichtvollen, liebevollen Wesen verbinden könnt. Er entscheidet auch darüber, wie schnell ihr zu diesen Wesen, Formen und Möglichkeiten der unendlichen Existenz aufsteigen könnt.

Die Möglichkeit der Wiedergutmachung von Fehltritten im irdischen Leben wird euch nicht vorenthalten. Glaubt aber daran, dass ein reines Herz zu Lebzeiten euch Möglichkeiten in der Lichtwelt eröffnet. Glaubt uns, dass das reine Herz eines Menschen der Schlüssel zur Verbindung mit der göttlichen Intelligenz und zur Verbindung mit den reinsten lichtvollen Wesen und Formen ist.

Nach dem Fortgang in die lichtvollen Dimensionen verliert die menschliche Seele die Vorstellung von irdischer Zeit. Zeit ist auf dem Planeten Erde nur ein Maßstab und ein bestimmtes System für das menschliche Geschehen.

Mit dem Austritt aus dem Körper lässt die Seele die Regeln und Gesetze, die auf dem Planeten Erde durch die menschliche Gemeinschaft aufgestellt wurden, zurück.

Mit dem Austritt aus dem Körper gelangt sie zu Ebenen, die zeitlos sind – und jede Seele gelangt in Räume, die für ihre Entwicklung und für ihr Glück notwendig sind. Gesetze und die Beschränkungen des menschlichen Individuums, die sich auf dem Planeten Erde abgespielt haben, spielen plötzlich keine Rolle mehr.

Die Räume, in denen sich die Seele nun befindet, dienen der Ausdehnung ihrer Energie und ihres Lichts. Der Existenz ohne Grenzen und ohne jegliche Einschränkungen. Die Seele, die sich nach dem Fortgang aus dem Körper in diesen Räumen wiederfindet, begreift augenblicklich, dass sie den Großteil ihres menschlichen Lebens nach den Kriterien anderer menschlicher Individuen verbracht und damit an ihrer eigenen Selbstliebe und an ihrer Größe eingebüßt hat.

Sie versteht, dass die Größe und Schönheit ihrer Seele das ist, was sie mit weiteren wunderschönen Frequenzen und dem Licht der Liebe verbindet. Die Situationen, die sie im menschlichen Körper oft durchlebt hat, hätten nicht so anstrengend sein müssen, wenn sie sich ihrer eigenen herausragenden Größe bewusst gewesen wäre.

Das Ziel der Existenz in der Lichtwelt ist die absolute Verbindung mit liebevollen Lichtgestalten und Wesen, die in göttlicher Frequenz schwingen. Die göttliche Schwingung bindet sie an die höchste göttliche Intelligenz und an die Energie und das Licht der Zentralsonne an. Das Geschehen und die Existenz der Lichtwelt streben der reinsten Verbindung mit der göttlichen Intelligenz der Zentralsonne entgegen.

Das Licht der Zentralsonne ist so verlockend und wunderschön, dass es alle gleich schwingenden Formen und Wesen anzieht. Im Licht der Zentralsonne befindet sich die unendliche Kraft und unendliche Liebe Gottes.

Alle Seelen in der Lichtdimension sind mit der Liebe Gottes verbunden. Es kommt darauf an, wie rein die Frequenz bestimmter menschlicher Seelen ist. Je reiner, desto stärker die Verbindung und desto stärker die Gefühle der Liebe, des Glücks und der Harmonie.

Es kommt nicht darauf an, auf welcher spirituellen »Stufe« du dich in dieser Inkarnation und in diesem Körper gerade befindest. Es kommt darauf an, wie rein dein Herz ist. Es kommt nicht darauf an, wie viele Informationen du auf dieser irdischen Welt angesammelt hast. Dein reines Herz entscheidet über deine weitere, nächste Existenz. Dein reines Herz ist somit der beste Maßstab für deine weitere Existenz – nicht die Anzahl der gelesenen spirituellen Bücher und deren Informationen und Möglichkeiten.

Dein reines Herz lässt dich später in der Dimension des Lichts aufsteigen und dich mit dem Glück und der Liebe Gottes verbinden. Mache dir diese wichtige Tatsache bewusst: Nur du entscheidest – und zwar jetzt und in diesem Raum – darüber, wie sich dein weiteres Sein gestalten wird.

Vergebe noch heute all deinen Gegnern und Neidern und entledige dich negativer Energien und energetischer Verwirrungen. Handle in Frieden und in Liebe, aber bleibe stets in deiner reinen Anmut und deiner Selbstliebe.

Stelle dich nicht unter Menschen, die dir nichts Gutes tun, sondern segne ihre Existenz und ihr Handeln auf diesem Planeten. Bleibe dir deiner Großartigkeit bewusst und lasse sie dir nicht durch Negatives oder dunkle Menschen zerstören.

Durch dein positives Verhalten und durch dein reines Beispiel kannst du negativ denkenden Wesen dabei helfen, sich zu bessern und zu verbessern.

Beginne schon heute damit, dir deine Größe bewusst zu machen, ebenso wie deine Möglichkeiten, die unendlich sind, sofern dein Herz rein, natürlich erhaben und ohne Vorurteile und Negativitäten ist.

Bleibe in deiner Größe, in diesem menschlichen Körper, in diesem Raum und in dieser Zeit. Die Belohnung dafür wird eine Existenz ohne Grenzen und eine Existenz in der unendlichen Liebe der Lichtwelt sein.

Es gibt nichts Traurigeres – und das beobachten wir sehr oft –, als wenn die Seele des Menschen ihre Körperhülle verlässt und danach durch ihre Negativitäten und durch die selbst auferlegten Grenzen beschränkt ist, in lichtvolle Räume aufzusteigen.

Die Menschenseele, die beim Austritt aus dem Körper viele unverarbeitete Angelegenheiten und Konflikte mitnimmt, hat keinen einfachen Aufstieg in lichtvolle Höhen. Entweder versucht sie diese Angelegenheiten auszugleichen, noch bevor sie definitiv in die Lichtwelt geht – und das ist sehr schmerzvoll – oder sie befindet sich im bereits erwähnten Zwischenraum und wird von anderen nicht erhört.

Oder aber: Sie geht in die lichtvollen Ebenen, obwohl ihre Verbindung mit den Lichtwesen und Lichtfrequenzen noch nicht möglich ist, und die Seele muss in ihrem Tempo verarbeiten und beobachten, was sie im irdischen Leben an Fehlern begangen hat.

Ein solcher Aufstieg ist sehr langwierig. Auch wenn die Seele die Vorstellung von Zeit hinter sich gelassen hat, bringen negative Situationen der irdischen Welt sozusagen die Erdenzeit wieder zurück und die Seele durchlebt diese Situationen gewissermaßen erneut, bis sie die Folgen ihres Handelns verstanden hat. Es gibt hier kein Gericht, das die Seele *verurteilt*. Die Seele *beurteilt* sich selbst, da sie durch das Beobachten ihres Handelns alle Folgen ihrer Taten versteht. (Abgesehen davon erleichtern negative Verbindungen mit Menschen, die sich immer noch in der irdischen Inkarnation befinden, den Seelen nicht gerade ihre Entwicklung und ihren Aufstieg.)

Da wir uns bereits kurz vor dem Eintritt ins Goldene Zeitalter befinden, ist ein ganzheitliches und komplexes Verständnis der jetzigen Situation erforderlich. Es ist notwendig zu verstehen, dass die menschliche Gemeinschaft auch die Gemeinschaft menschlicher Seelen einschließt sowie ihre lichtvollen Formen, die von Natur aus zur menschlichen Gemeinschaft und ihrer Entwicklung dazugehören. Es ist wichtig, die physische wie auch nicht-physische Gemeinschaft als Ganzes zu sehen. Es ist notwendig zu verstehen, dass sich die Heilung der Menschheit auch auf der Geistebene der menschlichen Existenz abspielt. Es ist dringend erforderlich, alle energetischen Abdrücke, die die menschliche Gemeinschaft hier auf der Erde und in irdischen Linien und Dimensionen hinterlässt, zu durchleuchten und alle menschlichen Seelen energetisch von diesem Leid zu befreien.

Ihr Menschen seid alle durch eure Taten, euer Handeln und eure Energie miteinander verknüpft. Durch euer Licht seid ihr mit der Menschenfrequenz verbunden, die sich nach unendlich langer Zeit nun anzuheben beginnt. Die Frequenz der menschlichen Existenz beginnt zu steigen und sich zu durchleuchten. Es ist notwendig, die energetische Spannung zwischen der physischen und nicht-physischen menschlichen Gemeinschaft auszugleichen.

Sprecht mit euren Verwandten und Liebsten im Licht und vergebt ihnen ihre Taten, wenn ihr das Gefühl habt, dass sie euch Unrecht getan haben. Bittet eure Liebsten gleichzeitig darum, dass auch sie euch vergeben, falls eine Vergebung vonnöten ist. Segnet sie, segnet euch selbst. Erhöht dadurch die lichtvolle Heilung. Die physische und nicht-physische menschliche Welt und ihre Existenz werden sich auf allen ihren Ebenen durchleuchten.

Für die Kommunikation und für das Sprechen mit euren Verwandten und Liebsten im Licht könnt ihr die Frequenz der

Zahl 5 nutzen. Die Zahl 5 stellt ein Bindeglied und eine Brücke zwischen euch und euren Liebsten dar. Ihr befindet euch in der fünften Bewusstseinsdimension und die Ziffer 5 erleichtert euch die Kommunikation. Die Zahl 5 dechiffriert die momentane Lichtsprache eurer Liebsten im Licht. Die Zahl 5 öffnet Dimensionen zum Raum der lichtvollen menschlichen, nicht-physischen Gemeinschaft.

Ihr könnt diese Zahl laut wiederholen oder die Ziffer aufschreiben und neben eure Kerze legen, wenn ihr gerade mit eurer Familie im Licht sprecht. Die Zahl 5 öffnet und verbindet die Welten zwischen euch, und gleichzeitig lässt sie euch die Sprache eurer Liebsten im Licht besser verstehen. Die Zahl 5 könnt ihr vor oder während eurer Kommunikation visualisieren, indem ihr diese Ziffer in Gedanken sich nach rechts drehen lasst. Beim Drehen dieser fünften Frequenz gelangt ihr zur Kommunikation der fünften Bewusstseinsstufe. Ihr gelangt in Räume, in denen es euch leichter fällt, mit euren Liebsten zu kommunizieren.

Die Zahl 5 ist eine gewisse gedankliche Brücke zwischen euch. Denn wie bereits mitgeteilt wurde, verläuft die Kommunikation mit menschlichen Seelen auf gedanklicher Ebene, weil ihr alle durch menschliches Bewusstsein und menschliche energetische Abdrücke miteinander verbunden seid.

Ihr sollt wissen: Die Kommunikation mit der Lichtwelt und all ihren Wesen wird mit der Zeit normal und absolut notwendig für euch sein.

Das menschliche Individuum wird verstehen, dass Kommunikation unabdingbar ist und die Erfahrungen und Impulse menschlicher Seelen unverzichtbare Informationen und Hilfe bringen.

Das menschliche Individuum wird verstehen, dass die physische und nicht-physische Ebene des Seins in einer Existenz verschmelzen und beide Lebensformen untrennbare Teile ihrer Komplexität sind. Alles verschmilzt und verknüpft sich miteinander. Die menschliche Gemeinschaft nimmt in ihrer Lichtfrequenz zu und nähert sich mit der Zeit der Frequenz der Lichtwesen an. Das ist das aktuelle Ziel der menschlichen Gemeinschaft. Sich frequenzmäßig den Lichtwesen und der göttlichen Intelligenz anzunähern. Das kann nur durch das Verständnis geschehen, dass die menschliche Gemeinschaft als Ganzes funktioniert und einer den anderen beeinflusst. Physisch und nicht-physisch.

Die Lichtwesen sind unbeschreiblich hilfsbereit und begleiten euch bei jedem eurer Schritte der menschlichen Evolution. Die menschliche Gemeinschaft beginnt sich zu »durchleuchten«. Ihre graue, dunkle Frequenz fängt an zu zerreißen, und in die Risse dringt nach und nach das goldene Licht der göttlichen Energie und ihrer Intelligenz durch.

Der Wendepunkt hat soeben begonnen. Der Wendepunkt, der neue Möglichkeiten des Seins und der Entwicklung der menschlichen Gemeinschaft eröffnet.

6

Der Wendepunkt

Eine Durchgabe des Kosmisches Rates

Der Wendepunkt, der gerade begonnen hat, ist planetarischer und interplanetarischer Art.

Die interplanetarischen Parameter und Verschiebungen von Zeitlinien führen zur Multiplikation positiver Realitäten und zu allen erdenklichen Möglichkeiten für die menschliche Zivilisation.

Die menschliche Zivilisation besteht zu einem Großteil aus außerirdischer Population. Die in der menschlichen DNA enthaltenen genetischen Muster sind nicht natürlichen Ursprungs. Die Vermischung genetischer Informationen führte zur Verschiebung von menschlichen Realitäten und Parallelwelten.

Die Genetik der Menschheit wird wieder in ihre Ordnung zurückgeführt. Dazu verhelfen kosmische Ereignisse, die gerade in der menschlichen Realität geschehen. Die ursprüngliche Genetik wird wieder zurückgeholt. Ursprünglich und makellos.

Die genetische Ausstattung des Menschen wird aus zwölf DNA-Strängen bestehen. Jede Seele, die auf den Planeten Erde herabsteigen möchte, wird über ihre neue genetische Ausstattung und über ihre neuen Möglichkeiten informiert.

Neue Seelen, die in zukünftiger Zeit inkarnieren, werden vermehrt zu Eltern ausgesandt, die an die kosmischen Gesetze angebunden sind und deren Körper eine erhöhte Anzahl an DNA-Strängen in sich tragen. Es wird notwendig sein zu verstehen, dass die *Kinder der Neuen Zeit* mehr Widerstandsfähigkeit und eine längere Lebenszeit ihres physischen Körpers in ihre physische Ausstattung eingegeben bekommen.

Es ist außerdem notwendig zu verstehen, dass mit der Zeit des Goldenen Zeitalters grundlegende Veränderungen anstehen und zwar nicht nur kosmischer oder planetarischer Art, sondern auch Veränderungen, die den menschlichen Körper und seine Lebensspanne betreffen.

Das, wonach sich die Mehrheit der menschlichen Individuen sehnt – ein hohes Lebensalter hier auf der Erde –, wird für eure nächsten Generationen erfüllt.

Der ganze Prozess wird auf sehr natürliche Art und Weise vonstatten gehen. Die durchleuchtete Materie des neuen kleinen Menschen wird an die lichtvollen Schwingungen dieses Planeten angebunden und die Zellsysteme des Organismus werden dieses Licht immerzu in sich tragen. Jede einzelne Zelle des Organismus wird das Licht der Zentralsonne in sich tragen. Dieses Licht wird so intensiv und ewig strahlend sein, dass der ganze Organismus mit dem Licht Gottes und seiner Intelligenz direkt verbunden sein wird.

Das goldene Matrixnetz des Planeten, das im Jahr 2012 begonnen hat sich zu bilden, sollte im Jahr 2021 vollendet sein. So ist es derzeit durch die göttliche Intelligenz geplant.

Dieses goldene Matrixnetz, das sich im Inneren der Erde und um sie herum befindet, transformiert verstärkt dunkle Formen und Negatives, das sich in der Erde, auf der Erde und um sie herum befindet. Momentan kommt es zu so vielen einander überschlagenden Reinigungen unterschiedlichster irdischer wie menschlicher Angelegenheiten, dass das menschliche Individuum gar nicht hinterherkommt, dieses Geschehen mitzuverfolgen.

Die Erde reinigt sich und verdrängt aus ihrem Inneren und der Oberfläche alles Dunkle und Belastende. Es kommt zu solch starken energetischen Reinigungen und Veränderungen, dass sich ganze tektonische Platten der Erde verschieben – und die Zwischenräume dieser Platten treiben das Negative an die Oberfläche.

Es kommt zu Erdbeben, Seebeben und sogar zu Vulkanausbrüchen. Die Erde »brodelt« in der Tiefe und entledigt sich alles Schlechten. Alles Dunkle wird beseitigt und anschließend transformiert.

Ein weiteres neues Energienetz, das in perfektem Einklang mit dem goldenen Matrixnetz entsteht, erzeugt eine schützende Sphäre. Es ist sozusagen ein Duplikat, das als Schutz vor möglichen planetarischen Veränderungen und zur energetischen Reinigung dient. Es ist eine Sicherheitskopie des goldenen Matrixnetzes. Falls es zu lokalen planetarischen Veränderungen kommt, die im Matrixnetz Risse verursachen würden, wird augenblicklich dieses Ersatznetz auf diese Orte gelegt, damit das Gesamtnetz der Erde weiterhin funktionieren kann und keinen Schaden erleidet. Dieses Ersatznetz wird sozusagen über *das goldene Matrixnetz* gelegt.

Das goldene Matrixnetz verbindet euch mit weiteren natürlichen Netzen interplanetarischer Räume eurer Galaxis. Das goldene Netz sichert eurem Planeten die natürliche kosmische Ordnung aus dem Blickwinkel natürlicher Prozesse. Das goldene Matrixnetz sichert die Natürlichkeit irdischer und atmosphärischer Prozesse. Es hält die globale Natursituation in Ordnung und im natürlichen Ablauf.

Dieses Netz, das bereits in kurzer Zeit komplett fertiggestellt sein wird, wurde durch die dunklen Mächte zerrissen, und die Natur und die planetarischen Prozesse der Erde haben darunter gelitten. Genauso wie die menschliche Gemeinschaft.

Das goldene Netz empfängt goldene Lichtstrahlen der Zentralsonne, übergibt sie dem Planeten Erde und nährt damit ihn und seine Bevölkerung. Gleichzeitig ist dieses Netz im Inneren wie an der Oberfläche des Planeten ein unverzichtbarer Helfer für die energetische Kommunikation zwischen euch und der göttlichen Energie.

In der Zeit des Goldenen Zeitalters, wenn die Kommunikation zwischen euch und den anderen positiven Wesen des Universums wiederhergestellt wird, werdet ihr vollkommen an das goldene Netz der Erde angebunden sein. Ihr werdet über eure DNA angebunden sein, die Teil dieses goldenen Netzes der Erde ist. Eure DNA wird direkt und fehlerfrei damit verbunden sein, und der menschliche Körper bekommt die Möglichkeit der absoluten Regeneration und Langlebigkeit.

Natürlich wird dieser Prozess dauern und der menschliche Körper wird nicht sofort im Jahr 2021 Langlebigkeit erreichen. Aber die ersten Lichtimpulse von der Makellosigkeit der menschlichen Materie und ihrer Langlebigkeit werden übergeben und in die menschliche Genetik eincodiert.

Der Prozess zur ganzheitlichen Erleuchtung der Menschheit ist sehr komplex und verläuft auf mehreren Ebenen gleichzeitig. Eure aktuelle Realität erscheint euch deshalb oft sehr kompliziert und energetisch anstrengend.

Habt aber Vertrauen, dass dieser Prozess geschehen musste, denn noch längeres Abwarten hätte den Plan der göttlichen Intelligenz abgewendet und die Aufbereitung der gesamten planetarischen Situation vereitelt.

Wir bitten euch um verstärktes Vertrauen und um verstärktes Durchhaltevermögen. Eure Geduld wird Früchte tragen in Form der Anbindung an das goldene Matrixnetz des Planeten Erde, in Form durchleuchteter Seelen und durchleuchteter Materie, und schließlich wird es zur Anbindung an die göttliche Energie, Intelligenz und ihre Ordnung führen.

Verliert euren Glauben und eure Ausdauer nicht. Der Wendepunkt hat soeben begonnen und die Menschheit hat sich um einige lichtvolle Parameter weiter nach vorne geschoben.

Ihr befindet euch in einem der wichtigsten Zeitalter der menschlichen Geschichte. Ihr habt die Ehre, diese wichtige Zeit zu erleben, zu ihr zu gehören und hier gemeinsam positiv zu handeln. Eure Taten werden in der menschlichen Chronik der Akasha-Bibliothek erfasst. Jede eurer Taten, und sei sie noch so klein, gehört zu den positiven Veränderungen, die sich gerade auf eurem Planeten abspielen.

Jede positive Tat, und sei es nur ein reiner Gedanke oder eine reine Emotion, heilt und hilft der Gesamtsituation der Menschheit.

Verzweifelt nicht, wenn ihr euch für einen Menschen haltet, der bislang nicht seine lichtvolle Aufgabe hier auf der Erde gefunden hat. Schon die Tatsache, dass ihr euch hier und in dieser Zeit auf der Erde befindet und diese Zeilen lest, zeugt davon, dass ihr ein Mensch seid, der das kosmische Licht in sich trägt und auf die Erde herabgekommen ist, um dieses Licht und die Liebe des Universums hier weiterzugeben.

Verzweifelt nicht über die Tatsache, dass ihr erst auf dem Weg der Suche eurer Aufgabe seid. Hauptsache, ihr seid euch eurer Zusammengehörigkeit mit der Lichtwelt und ihren Wesen bewusst. Euer Glaube und euer Vertrauen ins Licht und in die Liebe Gottes bringen euch und anderen die Frequenzen des Universums. Euer reines Herz verbindet euch mit den reinsten Frequenzen des Universums.

Der Wendepunkt, von dem in letzter Zeit die Rede ist, stellt eine Zeit dar, in der sich die himmlischen Tore öffnen und dem Planeten Erde die Möglichkeit der Anbindung an lichtvolle Frequenzen geben. Der Planet Erde arbeitet auf Hochtouren. Er reinigt sich nicht nur verstärkt, sondern transformiert und durchleuchtet auch seine Dimensionen, öffnet seine eigenen Tore und lässt die lichtvollen Frequenzen in sich einströmen. Reinigung, Durchleuchtung und Anbindung des Planeten an kosmische Frequenzen und Gesetze verlaufen in großem Tempo.

Die umfassende Nervosität der Bevölkerung ist in diesem Fall vollkommen logisch und natürlich. Das Wichtigste ist jedoch, in Kontakt mit der Lichtwelt zu bleiben, in seiner Mitte und bei einer gesunden Auffassung von der gesamten globalen Situation. Sich nicht durch die negative Welle des Hasses oder des Selbstmitleids über die Gesamtlage der Menschheit und der Erde hinunterziehen zu lassen.

Man könnte sagen, dass es 5 vor 12 ist. Damit ist aber ein *positiver* Charakter dieser Aussage und der menschlichen Zeitebene und Zeitsequenz gemeint.

Wir begleiten euch bei jedem eurer Schritte, und wir begleiten euch in Liebe und mit Dankbarkeit.

Bleibt in eurem Glauben und in eurem Vertrauen.

Atlantis und sein geheimes Wissen

Das Zeitalter von Atlantis, sein Licht und seine lichtvollen Informationen spielen in dieser Zeit eine große Rolle. Eure Anbindung an die Informationen von Atlantis und seiner zeitlichen Realität wird sehr bald erfolgen.

Wie oft wurde in der menschlichen Gemeinschaft über das geheimnisvolle Atlantis gesprochen, wie oft wurde es erwähnt.

Jegliche Informationen über das mythische Atlantis erscheinen euch allen wie verdeckt und ohne tiefergehende Informationen. Was man über Atlantis weiß, ist, dass sein Zeitalter geistigen und physischen Reichtum hervorbrachte, Anbindung an Lichtwesen, kosmische Familien und an die göttliche Intelligenz. Ihr habt Informationen darüber erhalten, dass die menschliche Genetik makellos und rein war. Das menschliche Herz war an die göttliche Intelligenz und ihre Gesetze direkt und absolut angebunden. Die Verbindung mit den Kristall- und Naturreichen war natürlich und vollkommen. In dieser Zeit lebte man nur in reiner Absicht und mit reinem Handeln.

Manche Menschenseelen, die zu jener Zeit inkarniert waren und ihre aktuelle Inkarnation erneut hier auf der Erde durchleben, können sich an bestimmte Details oder Visionen erinnern. Das sind meistens Menschenseelen, die sich entschieden haben, in dieser bedeutenden Zeit vermehrt anderen Bewohnern des Planeten Erde zu helfen.

Das Wissen und Licht von Atlantis befindet sich hinter dem Schleier des Geheimnisses. Dieses Geheimnis und große Vermutungen sowie unterschiedliche Meinungen dazu werden schon bald beleuchtet.

Die göttliche Intelligenz hat das Wissen und die meisten Informationen aus dieser Zeit unter einer lichtvollen Schutzschicht gehütet. Es ist, als würde eine Glocke über Atlantis und seinen anderen Teilen, die sich auf eurem Planeten befinden, schweben und die meisten Informationen schützen.

Aber der Menschheit wird es bald erlaubt sein, sich an dieses Wissen anzubinden. Bisher hatte die menschliche Gemeinschaft keinen Zugang zum Wissen von Atlantis, weil die meisten Bewohner des Planeten Erde mit diesen Informationen gedanklich überfordert gewesen wären. Vergesst nicht, dass sich auf eurem Planeten immer noch dunkle Einzelwesen aufhalten, die nach diesem Wissen lechzen und diese Informationen sofort zu ihrem Vorteil missbrauchen würden.

Zu den Informationen und lichtvollen Frequenzen von Atlantis werden diejenigen menschlichen Individuen Zugang haben, die absolut rein sind.

In der Seele und im Herzen.

Unter der Glocke sind Informationen über die makellose Genetik des menschlichen Körpers enthalten, Techniken für regenerative und heilende Methoden für den menschlichen Körper. Technologien für die Bewegung in Zeit und Raum – für den Menschen und für Transportmittel. Technologien für die Nutzung von Gedankengängen und Gedankenprozessen. Und auch Zahlencodes für die Reise zu bestimmten Planeten als unerschöpflicher Energiequelle.

Hier sind Informationen über den Nutzen von Kristallen für jegliche Kommunikation zwischen der Menschheit und der Lichtwelt verborgen sowie weitere Informationen für die Kommunikation zwischen der Menschheit, kosmischen Gemeinschaften und der göttlichen Intelligenz …

Dunkle Einzelwesen, die versuchten die menschliche Gemeinschaft zu beherrschen, fahnden schon seit Menschengedenken nach diesem Wissen, sie suchen es noch immer und bemühen sich, es gewaltsam zu erringen. Sie haben immer noch nicht verstanden, dass sie nur durch ein reines Herz Zugang zu diesem Wissen haben können. Alle ihre Versuche, dieses Wissen für ihre dunklen Zwecke zu erwerben, waren bislang vergeblich. Das Wissen *bleibt* verborgen und wird durch die göttliche Intelligenz den reinen menschlichen Herzen für ihre reinen Zwecke offenbart.

Das Wissen und die unverfälschte Chronik der Menschheit werden sich den Menschen im Goldenen Zeitalter eröffnen. Sobald die Schutzglocke angehoben wird, beginnen das Licht und die Informationen von Atlantis in eure reinen Herzen zu strömen. Euer Herz wird es dekodieren können und euer Geist in Taten und brauchbare Informationen umwandeln.

Vor dem beklagenswerten Untergang und der Zerstörung von Atlantis wurden Informationen über die Atlantische Gemeinschaft und über ihren Lebensstil im Inneren eurer Erde aufbewahrt, wo sie von den ursprünglichen Bewohnern von Atlantis bis heute bewacht werden.

Es wurden auch Tunnelsysteme und neue unterirdische Kontinente erbaut, die alle Teile des »Projekts Atlantis« verbanden (einige Teile, die zu Atlantis gehörten, befanden sich an verschiedenen Stellen des Planeten Erde).

Um dieses Wissen kämpfen die dunklen Zivilisationen physisch, und sie versuchen auf alle möglichen Arten, sich dieses Wissens zu bemächtigen. Eine unzählige Menge an Kriegen auf diesem Planeten wird nicht wegen der Besetzung eines bestimmten Landstrichs geführt, sondern um sich der Chroniken zu bemächtigen und des Wissens der Gemeinschaft von Atlantis. In vielen Fällen geht es darum, Land zu erobern, in dem sich unterirdische Systeme befinden, in denen neben dem Wissen von Atlantis auch Transportmittel zum Reisen in Zwischenräume und verschiedene Zeitdimensionen zu finden sind.

Dem Großteil der dunklen Zivilisationen geht es darum, brauchbare Informationen zu erlangen und auf einem geeigneten Planeten ihres eigenen Planetensystems eine neue, vollkommene Zivilisation zu gründen. Sie versuchen außerdem dieses Wissen auszunutzen, um sich damit weiterer Teile eures Planeten Erde und weiterer geeigneter Planeten zu bemächtigen.

Ihre dunklen Absichten werden ihnen am Ende aber keine positiven Ergebnisse liefern.

Die Intensität des Lichts und des lichtvollen Wissens ist unendlich und durchleuchtet alle dunklen Absichten.

Wir möchten gerne auf die bereits erwähnten Zahlencodes zurückkommen, die eine riesige Menge an Möglichkeiten bieten und sich ebenfalls unter der Glocke von Atlantis befinden – auf Zahlencodes und Zahlenkombinationen, die das Reisen in Raum und Zeit zu verschiedensten Planeten und Planetensystemen eurer Galaxis und auch zu euren Nachbargalaxien und Nachbarsystemen ermöglichen.

Die im Wissen von Atlantis enthaltenen mathematischen Berechnungen sind sehr genau und dienen absolut konkreten Vorgehensweisen zum Reisen durch die Galaxien. Diese Zahlencodes öffnen Portale und Eingänge, in denen es zur magnetischen Dematerialisation des physischen Körpers und der Transportmittel kommt. Ihr könnt euch das so vorstellen, dass jeder Planet einen bestimmten mathematischen Code besitzt, der einzigartig und individuell ist. Ohne diese Codes ist es der menschlichen Gemeinschaft bisher nicht möglich, in Zeiten und in Zwischenräumen zu reisen.

Manche friedliebenden außerirdischen Zivilisationen nutzen zum Teil diese Codes, aber ihre reine Lichtenergie und ihre reine Verbindung mit den kosmischen Gesetzen ermöglichen ihnen auch, sich durch die Verschmelzung mit der Lichtfrequenz in Zeit und Raum zu bewegen. Ihre reine Absicht genügt ihnen zum Reisen, und die Zahlencodes verwenden sie nur hin und wieder oder bei anspruchsvolleren und komplizierteren Transfers.

Die dunklen Zivilisationen nutzen diese Zahlenkombinationen immer zum Reisen, weil ihr Geist und Körper nicht in der Lage sind, mit der reinen kosmischen Energie zu verschmelzen. Sie sind auf diese Codes angewiesen, und deshalb bemühen sie sich darum, so viele Informationen über das Wissen von Atlantis wie möglich zu erlangen. Den dunklen Zivilisationen ist auch bewusst, dass Planeten, die sich in der Nähe der Erde befinden, bereits durch andere Zivilisationen besiedelt sind. Selbst wenn eure aktuellen öffentlichen Informationen über die Erde darauf hindeuten, dass die menschliche Rasse die einzige im großen weiten Universum ist, solltet ihr wissen, dass eure gesamte Galaxis und ihre Planeten sehr stark besiedelt sind – ja, man könnte sogar sagen, dass es nur sehr wenige Planeten gibt, auf denen sich keine Zivilisation oder kein Leben befindet.

Die Wahrheit ist, dass die meisten Planeten keine weiteren Zivilisationen mehr aufnehmen können, und die dunklen Zivilisationen suchen ständig weitere Möglichkeiten, sich auf noch mehr Planeten niederzulassen und sie zu besiedeln. Sie versuchen, Zivilisationen, die sich auf bestimmten Planeten niedergelassen haben, zu besetzen und die Herrschaft über sie zu erlangen. Genau so, wie sie es mit der menschlichen Bevölkerung getan haben.

Nur helle Zivilisationen haben die Kraft und lichtvolle Macht in sich, mit ihrer mächtigen liebevollen Frequenz die dunklen Zivilisationen nicht anzunehmen und ihre Bevölkerung nicht mit Negativem und mit Intrigen anstecken und vermischen zu lassen.

Die Informationen, die mit Hilfe der öffentlichen Medien zu euch dringen, sind unwahr und falsch. Schon in Kürze werden die Wahrheit und Tatsachen, die sich wirklich in eurer Geschichte abgespielt haben, »ans Licht« gelangen.

Euer reines Herz wird euch genau sagen und zeigen, was die Wahrheit ist, und ihr werdet instinktiv spüren, welchen Informationen der Neuen Zeit ihr glauben sollt. Euer Herz wird mit neuen Informationen voranschreiten, die nach Jahrtausenden im Äther in Resonanz gehen, und euer Geist wird die neuen Informationen dechiffrieren können.

Die *Neue Zeit des Goldenen Zeitalters* bringt euch stärkere Intuition und Telepathie. Bei vielen von euch entwickeln sich Channeling-Fähigkeiten zum Empfang neuer Informationen. Es kommt nicht auf die Art und Weise an, wie ihr die Informationen empfangt. Ob ihr sie visuell, akustisch oder über ein Gefühl empfangt. Es kommt darauf an, dass euer Herz mit seiner Reinheit an die kosmischen Gesetze und die göttliche Intelligenz angebunden ist. Dann werdet ihr die Möglichkeit haben, in fortwährendem Kontakt mit Informationen zu stehen, die ihr für euer Sein und für eure Entwicklung braucht.

Auch die telepathische Form der Kommunikation zwischen euch Menschen sowie zwischen Mensch und Tier wird sich vertiefen.

Alles Reine wird Reines und reinste Energie brauchen, und das Goldene Zeitalter wird euch mit dieser Reinheit verbinden. Es bringt euch goldene Lichtstrahlen des goldenen Wissens, die das reinste Wissen sind.

Erhaltet euer Herz in Reinheit und lasst es euch durch die momentanen Einflüsse nicht trüben. Euer reines Herz bringt euch am weitesten und verbindet euch mit weiteren Menschen, die ein reines Herz in sich tragen. Euer Licht auf diesem Planeten wächst immer weiter und vervielfacht sich.

Bleibt auf eurem Weg und in eurer inneren Schönheit.

21 Schlüssel für euren Übergang ins Goldene Zeitalter

Ihr sollt wissen: Beim Lesen des vorangegangenen Textes befandet ihr euch stark in der Zeit von Atlantis. Euer Geist hat euch damit verbunden. Euer Geist begann sich intensiv zu erinnern und Impulse zu den morphogenetischen Feldern von Atlantis auszusenden.

Sobald sich die Schutzglocke, die sich über dem Wissen von Atlantis befindet, lüftet, werden sich die Impulsee, die euer Geist ausgesendet hat, mit diesem Wissen augenblicklich verbinden. Durch das Lesen hat euer Geist die ersten gedanklichen »Boten« ausgesandt, die zwischen eurer Person und diesem Wissen gedankliche Brücken erschaffen haben. Euer Geist kann es nicht mehr erwarten, dass das Wissen für alle zugänglich wird, und freut sich auf neue – ursprüngliche – Erkenntnisse. Er freut sich auf das Erschaffen einer *neuen Realität*.

Eure neue Realität wird wundervoll sein. Euer Wissen, das ihr in euch tragt, wird endlich zu eurer Realität durchdringen und sich mit Dimensionen verbinden können, die ihm seine Materialisation ermöglichen.

Seid euch bewusst, dass eine ganze Elite von Lichtwesen immerzu bei der Realisierung eurer neuen menschlichen Zukunft hilft.

Ganze Gruppen von Lichtwesen, die nach und nach zu eurem Planeten und seiner Umgebung kommen, helfen beim Bewusstseinswachstum eurer Gemeinschaft – beim Bewusstseinswachstum und der Rettung eures Planeten.

Diese Lichtwesen bringen bedingungslose Liebe und die Entschlossenheit der göttlichen Intelligenz mit sich. Auf den Planeten Erde werden ganze Gruppen von Engeln gesandt, die der Menschheit helfen, das Bewusstsein, das sie bereits schrittweise erlangt hat, nicht zu verlieren. Schließlich werden der menschlichen Gemeinschaft durch die dunklen Zivilisationen immer noch Fallen gestellt, damit die Menschen ihren Glauben verlieren und sich gedanklich der dunklen Realität anhängen.

Diese Engelwesen, die sich momentan auf eurem Planeten befinden, nennen wir »Engel des Friedens«. Sie bringen euch Frieden und fortschrittliche Ansichten, die euch dabei helfen, die positive Zukunft vor euch zu sehen. Diese riesige Engelgruppe des Friedens hat sich auf eurem ganzen Planeten verteilt. Diese Engel haben eine etwas andere Frequenz. Sie sind nicht ganz so feinstofflich wie zum Beispiel eure Schutzengel. Ihre Frequenz und ihr Licht sind mit den lichtvollen Naturwesen vermischt, und das gibt ihnen die Kraft und Entschlossenheit, auch zu solchen Lokalitäten eurer Erde herabzusteigen, wo sich kriegerische oder Konfliktsiuationen abspielen.

Feinstofflichen Engeln wäre dies nicht möglich, da ihre liebevolle Schwingung dadurch zerstört würde.

Die Engel des Friedens haben eine weiße Aura. Falls es euch gelingt, sie visuell zu erfassen, werdet ihr sehen, dass sie in männlicher und in weiblicher Gestalt erscheinen. Ihre Kleider glitzern und schimmern weiß bis cremefarben. Vielleicht gelingt es euch, eher *ihre* Gegenwart als die Gegenwart eures eigenen Schutzengels zu erfassen, weil die Lichtintensität ihrer energetischen Körper für eure Wahrnehmung besser und leichter sichtbar ist.

Diese Engel kommen verstärkt zu allen spirituell arbeitenden Menschen. Sie kommen auch verstärkt zu Menschengruppen, die meditieren oder mit Licht arbeiten. Sie verbinden sich mit dem Licht der meditierenden Gruppe, und dieses Licht lassen sie sich in alle Dimensionen, Räume und Zeiten ausdehnen. Sie durchleuchten damit die Realitäten jedes Einzelnen dieser Gruppe, da sich die Lichtintensität in der Gruppe vervielfacht und die Heilung verschiedenster Ebenen dadurch beschleunigt wird.

Die Engel des Friedens haben sich entschieden, in dieser Zeit in eure Realität herabzukommen, weil sich die Lichtintensität auf eurem Planeten verstärkt hat und es für sie einfacher ist, hier auf der Erde zu wirken. Noch vor kurzer Zeit war ihnen das nicht möglich. Euer positives Kollektivbewusstsein und eure Arbeit mit dem Licht hat es ihnen möglich gemacht.

Sie haben beschlossen, verschiedenste Frequenzen des Friedens auf die Erde zu bringen, die sie bewusst direkt auf die Herzen menschlicher Individuen übertragen.

Beim Lesen der vorliegenden Texte verbinden sich die Engel des Friedens gerade mit euch, und vielleicht spürt ihr ihre liebevolle, friedliebende Frequenz. Das Wort »Frieden« verbindet euch mit ihnen. Es genügt, das Wort »Frieden« mehrmals nacheinander laut oder innerlich auszusprechen.

Ihr Patron, der diese Gruppe hütet und ebenso friedliebend wie entschlossen führt, ist Erzengel Metatron.

Erzengel Metatron ist ein riesenhafter göttlicher Helfer, der für den Planeten Erde zuständig ist. Die göttliche Intelligenz hat sich schon vor vielen Tausenden von irdischen Jahren für seine Anwesenheit auf eurem Planeten entschieden, weil die

Kraft von Erzengel Metatron unglaublich positiv und frequenzmäßig sehr stark ist. Nur wenige andere Lichtwesen sind in der Lage, in dieser verstärkten Intensität auf der Erde zu wirken. Vor allem in dieser komplizierten Zeit. Die göttliche Intelligenz wusste, dass Metatrons Lichtstrahlen imstande sind, auf der Erde eine absolut starke und gerechte Lichtintensität zu bewahren. Erzengel Metatron begleitet euch mit großer majestätischer Anmut und Standhaftigkeit durch diese Zeit. Er arbeitet mit anderen sehr starken Erzengeln zusammen, die ihm helfen, seine Intensität und Mission zur Rettung und zum Schutz der Erde zu verstärken. Zu den unverzichtbaren Helfern gehören Erzengel Michael, Gabriel, Rafael, Chamuel, Ariel, Uriel und weitere.

Jedes Lichtwesen, das hier auf der Erde wirkt, verdient großen Dank, und wir senden hiermit unseren Dank an alle Lichtwesen, die wir hier nicht einzeln nennen können.

Erzengel Metatron, besser gesagt seine Lichtstrahlen, die der Multidimensionalität in allen Räumen und Zeiten fähig sind (die Multidimensionalität wird auch anderen Erzengeln und höheren Lichtwesen ermöglicht), sind mit eurer menschlichen Gemeinschaft auf den Planeten Erde herabgekommen. Metatron kam mit euch herab und erlebte mit euch die ersten Augenblicke eurer Besiedlung dieses Planeten. Seine Lichtintensität begleitete euch und begleitet euch noch immer. In vergangenen Zeiten war es Erzengel Metatron nicht möglich, in eure menschliche Gemeinschaft und in die menschliche Chronik einzugreifen. In dieser Zeit wurde ihm der friedliebende Zugriff und seine Unterstützung für euch Menschen durch die göttliche Intelligenz erlaubt.

Erzengel Metatron ist der Patron der Akasha-Chronik. Er erfasst absolut alle Situationen und Informationen, die ihr als Menschheit erlebt habt. Seine mächtigen Strahlen schützen dieses lichtvolle, schwingende Informationsbuch. Nur

Menschen oder Wesen mit reinsten Absichten haben Zugang dazu.

Erzengel Metatron hat natürlich auch alle mit Atlantis zusammenhängenden Ereignisse erfasst – euer Anfang auf dem Planeten Erde.

Wenn wir die Lichtstrahlen von Erzengel Metatron beobachten, sehen wir, dass sie sich um eure gesamte Erdkugel ausbreiten. Sie erreichen auch das Innere eurer Erde und verbinden sich mit der Seele des Planeten – Gaia. Ihre friedliebende und liebevolle Energie, die der Liebe einer Mutter zu ihrem Kind ähnelt, schöpft sehr viel aus Metatrons Lichtstrahlen. Sie ist direkt mit ihm verbunden und kommuniziert mit ihm. Sie sendet ihm ihre Gefühle, und Erzengel Metatron übergibt diese Informationen an weitere Lichtwesen, die in der Lage sind, ihr in ihrer Situation zu helfen. Man könnte sagen, dass Erzengel Metatron der Kommunikator zwischen Gaia und den anderen Lichtwesen ist. Er übergibt Informationen und Pläne, die für bestimmte Situationen geeignet sind.

Erzengel Metatron wurde durch die göttliche Intelligenz definitiv erlaubt, Aufzeichnungen über Situationen der menschlichen Gemeinschaft zu löschen, die durch dunkle Mächte und Zivilisationen erzeugt worden sind. Es wurden tatsächlich alle morphogenetischen Felder, die mit solchen Ereignissen entstanden sind, gelöscht!

Das ist eine unglaublich wichtige Information, die euch durch diese Zeit begleiten und euch Kraft für positive Ergebnisse geben soll.

Konkret bedeutet das für euch, dass negative Informationen, die von Generation zu Generation übertragen worden sind, jetzt nur noch in eurem Geist existieren!

Diese unglaublich wichtige Information ist eine Schlüsselinformation dieser Zeit. Das heißt, wenn ihr euch entscheidet, mit der vergangenen dunklen Zeit nichts mehr zu tun zu haben, ihr euch auch nicht weiter beeinflussen lasst und keine neuen negativen Gedanken produziert – nichts existiert mehr, das euch energetisch beherrschen könnte!

Deshalb ist es wichtig, verstärkt Gedanken und Emotionen zu reinigen, damit euch in der neuen Zukunft nichts belastet. (Mehr zu eurer Reinigung werdet ihr in den nachfolgenden Texten dieses Buches finden.)

Diese unglaublich wichtige Information hilft zudem, eurem Geist zu verstehen, dass es jetzt nur noch von euch abhängt, von eurer Person, welche Zukunft ihr euch erschafft.

Wir bitten euch: Durchtrennt ein für alle Mal eure Gedankenbrücken, die euch an negative morphogenetische Felder eurer Vergangenheit angebunden haben.

Denn – die dunkle Vergangenheit eurer menschlichen Gemeinschaft existiert energetisch überhaupt nicht mehr!!!

Dieser Schlüsselgedanke ist der Hauptpunkt dieses Buches. Eure Bewusstwerdung über diese neue Situation ist ein weiterer, riesiger Schritt für die Eröffnung eurer neuen Zukunft.

Es existieren 21 Schlüssel, die informationsmäßige Meilensteine für diese Zeit sind. Eine Information – Schlüssel 17 – wurde soeben eröffnet! Eine Eröffnung in die Räume eures Geistes, der nach und nach eure unterschiedlichen Realitäten zu einer lichtvollen und vollkommenen Existenz verbindet. Euer Verständnis der Schlüsselmomente durchleuchtet und heilt eure persönliche und menschliche Existenz komplett. Eure Seele wird sich in alle möglichen lichtvollen Dimensionen eurer Realität ausdehnen können.

Schlüssel 17, der einen sehr wichtigen Meilenstein für euren Einstieg ins Goldene Zeitalter eurer goldenen Existenz darstellt, haltet ihr gerade in euren Händen!

Für eure Bewusstwerdung und euer Verstehen der Wichtigkeit dieser Information erklären und bennen wir jetzt weitere Schlüssel, die ihr bei eurer persönlichen Entwicklung möglicherweise bereits entdeckt habt. Die Bewusstwerdung dieser Schlüssel befreit euren Geist und eure Seele und durchleuchtet eure Existenz auf allen Ebenen.

21 Schlüssel für euren Übergang ins Goldene Zeitalter

- Abtrennung vom negativen kollektiven Bewusstsein
- Abtrennung vom Ego, das euch künstlich durch die dunklen Wesen eingegeben wurde
- Abtrennung von Angst und anderen belastenden Negativitäten
- Vergebung anderen gegenüber und sich selbst
- Abtrennung von den aktuellen Räumen und Zeiten; Bewusstmachung der eigenen Kraft und Entschlossenheit
- Bewusstwerdung über die Absolutheit und Unendlichkeit der göttlichen Intelligenz
- Bewusstwerdung über die absolute und präzise Geometrie der kosmischen Räume
- Bewusstwerdung über die Möglichkeiten der eigenen Herzenskraft und Herzensreinheit
- Bewusstwerdung über die genaue Geometrie des eigenen Körpers

- Bewusstwerdung über den eigenen göttlichen Ursprung; Selbstliebe, Liebe
- Bewusstwerdung darüber, wohin das gesamte göttliche Geschehen strebt, die Bedeutung der Lichtenergie
- Bewusstmachung der neuen Bewusstseinsebenen
- Bewusstmachung der lichtvollen Ausdehnung – Ausbreitung
- Bewusstmachung der Kraft und Einheit des Kollektivs
- Bewusste Anbindung an eure lichtvolle Kosmische Familie und die Lichtwelt
- Rückkehr der natürlichen männlichen und weiblichen Kraft
- Bewusstwerdung über die Tatsache, dass keine durch dunkle Wesen erzeugte morphogenetische Felder mehr existieren
- Reinigung eurer aktuellen persönlichen Realität
- Ein gesunder und gesund ernährter Körper; Bewusstmachung der neuen Möglichkeiten zur Wiederanbindung aller DNA-Stränge (CD Reiner Klang!)
- Bewusstmachung der Verbindung mit dem Planeten Erde und seiner Seele
- Verschmelzung mit der göttlichen Energie, Ganzheit, Freiheit

Diese Schlüssel helfen euch, endlich nach vorne zu gehen. Sie öffnen euch die Portale zu neuen Bewusstseinsebenen, die ihr für diese Zeit braucht.

Diese Schlüssel geben euch einen Überblick, was ihr für eure Seele, euren Geist und euren Körper noch tun könnt, damit euer Fortschritt im optimalen Tempo vonstatten geht. Sie helfen euch, euch in dieser ganzen aktuellen Situation besser auszukennen, und sie helfen euch, die bestmögliche Richtung einzuschlagen.

Zu jedem Schlüssel findet ihr sicher noch persönliche Ergänzungen oder Zusatzpunkte, die dazu gehören – durch eure Arbeit an euch selbst.

Erzengel Metatron kann euch mit seiner Energie, seinem Licht und seiner friedliebenden Entschlossenheit helfen, euch an die positiven Informationen der Akasha-Chronik anzubinden. Er hilft euch dabei, Frieden im Herzen zu finden, damit ihr weiterhin Kraft habt, in die Neue Zeit voranzuschreiten. Er verbindet euch mit den Engeln des Friedens, die euch wiederum mit den Frequenzen des Friedens verbinden und eure Realität friedliebend reinigen. Erzengel Metatron verbindet euch mit dem Wissen eurer Erde.

Erzengel Metatron ist es sehr wichtig, dass ihr wisst, dass er euch durch seine Lichtintensität jederzeit mit dem Wissen der positiven Informationen der menschlichen Chronik verbinden kann. Er ermöglicht euch den Zugang zu Informationen, die momentan für die menschliche Gemeinschaft erreichbar und für euer Bewusstseinswachstum unerlässlich sind. Er gibt Informationen aus der Akasha-Chronik frei, die ihr zur Heilung des Körpers benötigt.

Weiter ermöglicht er euch durch seine Intensität verstärkten Zugang zum Planeten Erde und zu Informationen, die euren Planeten betreffen. Erzengel Metatron stärkt euch für diese Zeit und hilft euch dabei, euch von den durch dunkle Mächte hervorgerufenen morphogenetischen Feldern eurer Vergangenheit abzutrennen.

Übung zur Anbindung an Erzengel Metatron

Die Anbindung an Erzengel Metatron ist sehr einfach. Deine Absicht verbindet dich mit ihm. Um dich besser mit ihm verbinden zu können, kannst du sein Symbol verwenden – den Würfel von Metatron.

Atme tief und konzentriere dich auf dein Herz.
Lasse dein Herz in orange-goldener Farbe erstrahlen.
Lasse diesen Schein in orange-goldener Farbe sich in deinem ganzen Körper und in deiner Aura ausbreiten.

> Binde dich gedanklich an Erzengel Metatron an und visualisiere das Symbol von Metatrons Würfel.
> Visualisiere das Zentrum dieses Symbols (genau wie bei der Übung mit der Blume des Lebens) in deinem Herzen. Visualisiere dieses Symbol größer als dein physischer Körper, damit sich die Metatronsche Symbolik mit deinen Dimensionen von Raum und Zeit verbinden kann.
> Sprich deine Bitte aus, bei der du die Hilfe von Erzengel Metatron benötigst.

Wenn du möchtest, kannst du Metatrons Würfel auch in deinem Herzen visualisieren und danach Erzengel Metatron die Schritte ausführen lassen, die für deine Entwicklung notwendig sind. Die lichtvolle Intelligenz und das Wissen von Erzengel Metatron sind unglaublich groß, und deine reine Absicht gibt ihm die Erlaubnis, mit deiner Realiät zu arbeiten.

Erzengel Metatron weiß, in welcher deiner Lebensebenen seine lichtvolle Hilfe vonnöten ist.

Bedanke dich für die Hilfe – und bei jeder weiteren Kommunikation kannst du diese Symbolik verwenden.

Falls du aus der Verbindung mit Erzengel Metatron aussteigen möchtest, weil seine Energie sehr stark ist, sprich:

»Erzengel Metatron, ich trete kraft meiner Absicht und kraft meines freien Willens aus deiner Energie aus. Ich trenne mich bewusst von deiner Energie ab. Ich danke dir für deine Hilfe. Ich segne dich, ich segne mich.«

Euer reines Herz und die goldenen Tore zum Goldenen Zeitalter

Die »Schlüsselinformationen« des vorangegangenen Kapitels haben euch sicher erneut zum Nachdenken gebracht, ob ihr eure persönlichen Schlüssel schon gefunden habt und ob es euch schon gelungen ist, den größten Teil eurer persönlichen und der menschlichen Räume zu reinigen.

Diese Schlüssel zur Ausdehnung eures Bewusstseins sind euch von der göttlichen Intelligenz gegeben. Von der göttlichen Intelligenz, die gerecht, liebevoll und allwissend ist. Über das Wissen der göttlichen Intelligenz könnten wir euch unendlich viele Informationen geben, denn die Unendlichkeit der göttlichen Intelligenz ist ebenfalls unendlich.

Eure persönlichen Schlüssel findet ihr je nach euren persönlichen Möglichkeiten und nach eurer Entschlossenheit, eure Realität zu reinigen und zu durchleuchten.

Ihr wisst ja inzwischen: Die Reinheit eures Herzens bestimmt das Ergebnis und ist ein Maßstab für die Anzahl eurer gereinigten Räume und Zeiten.

Nach diesen Schlüsseln könnt ihr euch richten. Sie sind sozusagen eine Anleitung, ein Leitfaden zu eurem persönlichen Glück. Wir würden euch in eurem Prozess des Entdeckens und der Erkenntnis gerne weiterhin helfen ...

Mit unseren durchgegebenen Texten hattet ihr die Möglichkeit, eure Realität zu reinigen und neue Möglichkeiten eures Seins zu finden. Viele von euch fühlen sich sicher bereits besser, fühlen sich klarer – und viele von euch können sich in dieser komplizierten Zeit dank eures Wachstums jetzt besser orientieren. Jeder gefundene Schlüssel und jede neue Erkenntnis reinigt eure Realität, und ihr habt die Möglichkeit, in eurer Entwicklung immer höher »aufzusteigen«.

Wenn ihr mit den Schlüsseln gearbeitet habt, könnt ihr bestimmt bestätigen, dass jeder Schlüssel euren Horizont und eure Ansichten über Situationen erweitert hat, wie von oben her. Sicher ist euch aufgefallen, dass euch jeder Schlüssel vor allem den Weg zu euch selbst geöffnet hat. Zu eurem Herzen und zu eurem Wesen. Mit jedem gefundenen Schlüssel kommt ihr euch selbst und eurer Selbstliebe näher und näher. Eure Selbstliebe bringt anderen menschlichen und tierischen Wesen *Liebe*.

Die Schlüssel, die ihr entdeckt habt, öffnen euch den Weg zu eurem Herzen und eurer Herzenskraft. Dadurch gelangt ihr in den Raum der persönlichen Erleuchtung. Ein reines Herz stellt das Eingangstor zu den Räumen der lichtvollen Ewigkeit und zu den lichtvollen Räumen des Kosmos dar und ist ein Bindeglied zwischen euch und der göttlichen Energie in all ihren Parametern – und zwar immer und in jeder Situation.

Ein reines Herz ist das Tor zu eurer persönlichen Erleuchtung. Eure Erleuchtung könnt ihr hier und im Raum dieser Inkarnation erleben. Hier auf der Erde.

Ihr müsst nicht Jahrzehnte lang meditieren und euch vor der Welt verschließen. Ein reines Herz verbindet euch mit den Dimensionen eurer persönlichen Erleuchtung.

Ein reines Herz ist die Hauptvoraussetzung für euer persönliches Wachstum und für eure Erleuchtung. Es ist das Hauptkriterium für euren Einstieg ins Goldene Zeitalter. Euch sollte bewusst sein, dass das Goldene Zeitalter goldene Frequenzen, goldene Räume und Zeiten mit sich bringt. Eine goldene DNA-Struktur eurer menschlichen Rasse und goldene Matrix-Netze eures Planeten Erde. Sobald sich euer wunderschöner Blauer Planet mit der wunderschönen goldenen Farbe der göttlichen Intelligenz vermischt, beginnt euer Einstieg ins Goldene Zeitalter.

Für deinen persönlichen Einstieg ins Goldene Zeitalter solltest du alle 21 Schlüssel finden, damit sich die Dimensionen für deinen persönlichen Einstieg wie wunderschöne goldene Tore öffnen. Nicht alle Menschen eures Planeten werden diesen Übergang in kurzer Zeit schaffen. Viele eurer menschlichen Kollegen werden ihr persönliches Tor erst später durchschreiten. Abhängig von ihren Möglichkeiten. Viele eurer menschlichen Kollegen haben ihre Herzen aus Angst vor der Zukunft und wegen des Schreckens der Vergangenheit verschlossen und dadurch vergessen, in der Gegenwart zu leben. Sie haben sich damit die Tore zu ihrer persönlichen Freiheit und zu ihrem Glück versperrt. Viele von ihnen tragen Elemente der Angst, Ungerechtigkeit und des Hasses in sich. Sie haben es nicht geschafft zu vergeben, und das hat sie in ihre Realität gezwängt. Solange sie ihre Herzen der Liebe und Selbstliebe nicht öffnen, bleiben ihre Tore verschlossen. Sie können sie aber jederzeit öffnen, wenn sie sich entscheiden, die Schlüssel zu ihrem Glück zu finden.

Ihre dunklen Elemente halten ihre Materie und ihren Energiekörper leider in der Schwere und in langsam schwingenden Frequenzen. Sie bewegen sich fortwährend in ihrer niedrigen Bewusstseinsdimension, und das hindert sie daran, ins Goldene Zeitalter aufzusteigen. Nur diejenigen Individuen, die sich entschieden haben, die Vergangenheit loszulassen, haben einen erleichterten Übergang in höhere Bewusstseinsdimensionen.

Viele menschliche Individuen, die noch sehr schwerfällig schwingen, treffen leider auf große Widerstände – physischer und persönlicher Art – beim Übergang in die neue menschliche Ära. Während der Übergang für durchleuchtete Individuen ein freudiges und sehnlich erwartetes Ereignis ist, erscheint der Übergang niedrig schwingenden Individuen wie ein steiniger, mit riesigen Felsbrocken und Hindernissen bestückter Weg. Diese Zeit bereitet ihnen große Schwierigkeiten. Sie haben das Gefühl, dass die Welt zusammenbricht.

Jedes menschliche Individuum hat aber einen freien Willen und sein persönliches Tempo. Auch wenn wir zusammen mit der göttlichen Intelligenz regelmäßig Impulse auf euren Planeten senden, damit sich alle an ihre göttliche Essenz erinnern und alle die gleichen Möglichkeiten erhalten, müssen wir akzeptieren, dass nicht alle Menschen diese Lichteinheiten erfassen oder sie zulassen. Sie haben ihre Herzen in ihrem Selbstmitleid und in der Rolle des Opfers verschlossen. Wir müssen ihnen aber ihre Zeit und ihren Raum für ihre persönliche Entwicklung lassen.

Es wird möglich sein, mit reinem Herzen sowie mit gereinigter Materie und gereinigtem Energiesystem ins Goldene Zeitalter einzutreten. Sonst werdet ihr nicht in dieses goldene System passen. Bildlich gesprochen könnte man es so ausdrücken: In reine, strahlende Welten könnt ihr nicht mit schweren und sperrigen Rucksäcken auf dem Rücken einsteigen, die euch zu Boden ziehen, dadurch euren Geist trüben und eure Körper belasten. Wenn ihr einen solchen schweren Rucksack voller Negativitäten tragt und ihn bereits sehr lange tragt, habt ihr bestimmt das Verlangen, ihn endlich abzulegen und loszuwerden. Ihr habt den Wunsch, endlich eure Wirbelsäule, euren Rücken und Körper zu strecken, endlich richtig tief durchzuatmen und freudvoll und leicht aufzuspringen. Ihr habt den Wunsch, eure Arme zum Himmel auszustrecken und frei zu sein!

Lasst euren Rucksack vor dem Tor zu den goldenen Welten stehen. Übergebt ihn euren Lichtwesen, die euch den Rucksack und vielleicht auch anderes Gepäck und weitere Koffer gerne abnehmen. Übergebt ihnen alles, absolut alles, was euch belastet. Die Lichtwesen haben unendliche Möglichkeiten, wie sie mit eurem schweren Gepäck, das ihr nicht mehr benötigt, umgehen.

Sie nehmen es euch liebevoll ab und tragen es in lichtvolle Dimensionen. Dieses Gepäck wird in Licht umgewandelt. Eure Rucksäcke voller Vergangenheit, die belastend war, werden sinnvoll transformiert. Ihr müsst euch keine Sorgen mehr machen – euer Rucksack, eure Vergangenheit wird fortgetragen. Eure Absicht, alles Belastende abzulegen, genügt. Eure Vergangenheit war durch eure Gedanken an euch gebunden. Gebt deshalb auch diese Gedanken an die Lichtwesen ab. Ein für alle Mal.

Es werden euch eine goldene Zukunft und goldene Realitäten eures Lebens erwarten.

Visualisiert so viele goldene Frequenzen wie möglich. Stellt euch in eine goldene Lichtsäule, deren lichtvolle Energie fließt und golden strahlt. Bleibt in einem goldenen Lichtstrom, der ununterbrochen fließt. Zündet goldene Kerzen an und macht alles, was euch gut tut. Euer Frieden überträgt sich auf eure Umgebung, und alles Negative könnt ihr mit eurem Licht und mit goldenen Frequenzen, in denen ihr strahlt und mit denen ihr euch umgebt, in liebevolle Schwingungen verwandeln.

Verbindet euch schon jetzt mit den goldenen Frequenzen des Goldenen Zeitalters. Eure Zellen werden sich neu programmieren. Eure Zellen lieben goldene Farbe geradezu. Schließlich ist das die Farbe der göttlichen Intelligenz und die

Farbe des Goldenen Zeitalters. Eure Zellen lieben alles Strahlende und Helle. Das ist ihre Essenz.

Eure Lichtwesen freuen sich unheimlich darüber, dass sich eure Materie Schritt für Schritt durchleuchtet und ihr beginnt, den Lichtwesen auf lichtvolle Weise zu ähneln. Eure Materie schwingt leichter. Euer Energiekörper strahlt, und eure Seele hat die Möglichkeit, sich über eure Materie hinaus auszudehnen und sich damit an die Lichtwesen, die euch umgeben, anzubinden. Ihr spürt die Anwesenheit der Lichtwesen stärker und erfasst ihre Impulse und ihr Wissen besser. Ihr seid energetisch und lichtvoll miteinander verbunden, und man könnte sagen, dass ihr somit lichtvolle Engelfrequenzen in euch tragt.

Eure Wahrnehmung wird feinfühliger. Ihr werdet fühlen, dass die liebevollen Frequenzen, die euch das Goldene Zeitalter bietet, in dieser Inkarnation auf diesem Planeten euer »Zuhause« sind. Sie warten auf euer positives Morgen und auf eure positive Zukunft.

Eure Kinder werden euch sehr dankbar dafür sein, dass ihr ihnen den Weg gezeigt habt, den sie nehmen sollen. Ihr habt ihnen einen Weg gezeigt, den ihr durch eure Gegenwart und durch eure Arbeit bereits erleuchtet und an dem ihr Laternen aufgestellt habt. Laternen, die genau die Richtung weisen und die Zukunft eurer Kinder erleuchten. Eure Kinder werden leichter und ohne Schwierigkeiten voranschreiten können. Sie werden direkt vorangehen können und nicht auf Wegen irren müssen, auf denen Dunkelheit herrscht und an denen keine Laternen und Orientierungspunkte aufgestellt sind. Sie werden sich leichter und schneller orientieren können.

Und das dank euch, den Eltern und euren Nächsten, denen die jetzige planetarische Situation klar war.

Dank euch, die ihr gewusst habt, welche Richtung ihr am besten einschlagen solltet.

Dank euch, die ihr die Gefahren auf eurem Weg erkannt und die Entscheidung getroffen habt, euch auf einen Weg der Liebe und Selbsterkenntnis zu begeben.

Auf einen Weg der Liebe, der euch zur goldenen Zukunft führt. Auf einen Weg, der euch zum Ziel führt. Zu den goldenen Toren des Goldenen Zeitalters.*

Wir tragen euch herzliche und aufrichtige Bewunderung und tief empfundenen Dank zu.

Wir halten euch in unseren Herzen.

---

* Ich darf euch in diesem Zusammenhang die wundervolle CD *Kolloidales Gold* von Michael Reimann empfehlen. Ihr könnt sie beim AMRA Verlag erhalten. Schon durch das bloße Anhören dieser Musik verbinden wir uns mit der goldenen Frequenz des Universums. – *Pavlina*

Eure Entscheidung für die Rückkehr der absoluten Gesundheit

Der menschlichen Zivilisation wird es schon bald gelingen, in die lichtvollen Dimensionen des Goldenen Zeitalters überzugehen. Und das ist ausgezeichnet, und die Lichtwesen freuen sich unheimlich über euer Wachstum. Mit unaufhaltbarem Tempo bahnen sich die goldenen Frequenzen ihren Weg vorwärts. Es genügt, sich dieser Tatsache bewusst zu werden und die goldenen Frequenzen in die eigene Realität fließen zu lassen.

Die Bewusstwerdung der Menschheit hat begonnen, und damit stellen sich weitere positive Schritte zum spirituellen Fortschritt eurer menschlichen Zivilisation ein. Die Evolution in Form von spirituellem Wachstum verläuft in dieser Zeit so schnell, dass bereits Frequenzen des Glücks und des Friedens eure Erdkugel umgeben und ins Innere eures Planeten eindringen.

Diese Frequenzen verstärken sich mit Hilfe der Lichtwesen sogar noch und durchleuchten dunkle Stellen im Inneren eures Planeten. Wir wissen, dass es im Inneren der Erde noch viele Wesen und dunkle Elemente gibt, die der Erde und der

Menschheit schaden. Wir wissen aber auch, dass die Frequenzen des Glücks und Friedens diese Wesen und Elemente mit der Zeit dazu bringen zu gehen oder sie auf die lichtvolle Seite überwechseln lassen.

Wir möchten euch mit diesen Worten erfreuen und euch ins Bewusstsein rufen, dass auch die dunkelsten Wesen mit der Zeit ihren göttlichen Ursprung in sich finden. Schließlich sind auch die dunklen Wesen aus dem göttlichen Licht entstanden. Leider sind sie durch ihre Entwicklung von der Norm abgewichen. Die dunklen Wesen, die sich immer noch im Inneren eures Planeten befinden, stehen gerade vor einem Dilemma. Ob sie euren Planeten verlassen oder sich von den Lichtfrequenzen »übermannen« lassen, das eigene Licht in sich entdecken und sich damit auf die andere – lichtvolle – Seite stellen.

Wir können bezeugen, dass viele Wesen bereits verstanden haben, dass das Licht auf eurem Planeten zunimmt und das Leben auf diesem Planeten für dunkle Wesen mit der Zeit beschwerlich wird. Viele dunkle Wesen haben verstanden, dass das Erkennen ihrer lichtvollen Essenz ihnen neue Möglichkeiten bringt, und deshalb beginnen sie sich den Möglichkeiten des positiven Seins zu öffnen.

Viele dunkle Wesen wissen, dass es sehr schwierig sein wird, eine neue Heimat zu finden, wenn sie euren Planeten verlassen, denn entweder ist auf ihren ursprünglichen Planeten bereits Frieden eingekehrt oder es werden Kriege um Territorien auf diesen Planeten geführt. Viele von ihnen haben keine andere Wahl mehr, als sich für das Licht zu entscheiden und sich selbst umzuprogrammieren.

Ihr solltet wissen, dass viele dunkle Zivilisationen sich noch auf einer niedrigen Entwicklungsstufe befinden. Ihr Geist ist nicht so außergewöhnlich und schöpferisch wie zum Beispiel der Geist des Menschen. Viele dunkle Wesen sind noch nicht in der Lage, Liebe und Emotionen wie ihr Menschen wahrzunehmen, und deshalb ist das Umprogrammieren auf lichtvolle Frequenzen für sie einfacher, weil sich ihre Existenz nicht in so vielen verschiedenen Dimensionen wie bei der menschlichen Zivilisation abspielt. Sie leben jetzt und in diesem Raum *eine* dunkle Realität, die, in der sie sich gerade befinden. Sie sind allesamt direkt an ein einziges kollektives Bewusstsein angebunden, und wenn es den Lichtwesen und uns gelingt, ihre morphogenetischen Felder ins Positive zu wenden, werden sich auch ihre Zellen auf das Positive und das Licht ausrichten. Die Mehrheit der dunklen Wesen bewegt sich auf einer sehr niedrigeren geistigen Ebene und ernährt sich lediglich von dunklen Emotionen und Gedanken. Nur im Kollektiv sind sie stark. Einzeln können sie keine großen Erfolge erzielen – im Gegensatz zu menschlichen Wesen, die bereits in der Lage sind, ihr Licht kraft ihrer Gedanken in alle Räume ihrer Realität auszudehnen. Dunkle Wesen können sich nur kollektiv gegenseitig unterstützen.

Wir richten uns aber nach den göttlichen Gesetzen. Wir können nur das ausführen, was uns die göttliche Intelligenz gestattet. Wir dürfen nicht in Entwicklungsstufen unterschiedlicher Zivilisationen eingreifen. Wir dürfen nur in Zeiten der Gefahr oder dann eingreifen, wenn den hellen Zivilisationen durch die Vergangenheit, die die dunklen Wesen herbeigeführt haben, katastrophale Folgen drohen.

Wir respektieren alle Entwicklungsstufen aller Zivilisationen, immerhin befanden wir uns einst selbst in einer ähnlichen Situation wie ihr.

Die dunklen Wesen, die sich auf ihre Art entwickeln und ihr Tun ja nicht selbst als »böse« betrachten, überlassen wir dem freien Lauf der Evolution. Wir haben uns für die »Strategie« entschieden, das Positive mit Positivem und das Licht mit Licht zu stärken. Das erbringt die besten Ergebnisse, weil *alle* das Positive und das Licht in sich tragen. Durch unser Verhalten und unsere

Taten lassen wir *alle* Wesen sich an ihre eigene Herkunft erinnern und das göttliche Licht in sich erkennen.

Alle stammen wir vom Licht und den göttlichen Ebenen ab, und *alle* streben wir zum Licht der Zentralsonne hin und steigen dorthin auf.

Manche dunklen außerirdischen Zivilisationen haben eine andere Fortpflanzungstechnologie. Sie vermehren sich nicht in einer natürlichen Entwicklung vom Embryo bis zur Geburt, sie durchlaufen nicht die Entwicklung über das Kindesalter zum Erwachsenen, sondern sie »vermehren« sich durch genetisches Kopieren von Informationen außerhalb des Körpers. Das führt dazu, dass sie alle gleich aussehen und durch eine Künstliche Intelligenz geführt werden. Diese Künstliche Intelligenz ist ein riesiges Energiefeld, an das diese Wesen angebunden sind. Das bedeutet, dass sie keinen freien Willen haben und sich lenken lassen. Es existieren mehrere Schichten und Hierarchien dunkler außerirdischer Zivilisationen. Aber alle sind mit diesem Energiefeld der Künstlichen Intelligenz verbunden und werden gelenkt. Jede dunkle Tat verstärkt dieses Feld, und deshalb konzentrieren wir uns darauf, dieses Feld zu durchleuchten. Das wurde uns durch die göttliche Intelligenz erlaubt.

Ihr braucht aber auf keinen Fall Angst zu haben oder euch durch diese Informationen zur Angst verleiten zu lassen. Sie dienen nur eurer Aufklärung, eurem liebevollen Verstehen. Angst ist der Hauptteil, von dem sich die dunklen Wesen ernähren. Immerhin haben sie auf eurem Planeten und an eurer Gemeinschaft schon genügend »Böses« verursacht, und jetzt wird es höchste Zeit, die Situation auf der Erde durch positives Handeln und durch das Licht in euren Herzen zu heilen. Positives und das Licht bringen noch mehr Positives und noch mehr Licht. Das sind die kosmischen Gesetze der Liebe und des Guten.

Wir sprechen oft von lichtvollen Schwingungen und ihren Wirkungen. Wenn ihr euren physischen Körper reinigt und durchleuchtet und ein positives Weltbild erlangt, fangen eure Zellen an lichtvoll zu schwingen. Das bedeutet, dass euer Körper fähig ist, eine größere Menge an Aminosäuren zu bilden, sobald er gereinigt und frei von Giften ist. Die Aminosäuren verbinden sich dann mit Enzymen, die euren Zellen und eurem ganzen Körper mehr Energie liefern.

Eure Energie erhöht sich mit einem gereinigten physischen Körper so stark, dass die Seele nur positive Frequenzen vom Glück des gesamten Organismus schöpft. Die Aminosäuren in eurem physischen Körper sind Leiter für das geistige Glück und für die Anhebung der gesamten Lichtschwingung eures Systems.

Aminosäuren spielen eine große Rolle bei der Empfängnis. Sie ziehen und verbinden genetische Informationen zu einer Einheit und programmieren schon im Voraus die Gesundheit des Kindes. Aminosäuren werden in den nächsten Jahren eurer Entwicklung und bei der Wiederanbindung an die neue DNA-Zusammensetzung eine große Rolle spielen. Eure Aminosäuren und Enzyme werden neue kosmische Informationen erhalten, damit sie in der Lage sind, ihre Lichtkapazität zu erhöhen und zu verstärken.

Reinigt euren Körper für einen beschleunigten Prozess der natürlichen Anbindung neuer DNA-Strukturen von Toxinen und anderen Schadstoffen. Jeder schlechte Gedanke, jede schlechte Emotion oder schlechte Ernährung übersäuert und belastet euren Körper. In Zukunft wird es notwendig sein, eure Körper regelmäßig zu reinigen, damit die Materie des Körpers heilen und eine hoch schwingende lichtvolle Seele in sich tragen kann. Hand in Hand wird euer physischer und geistiger Fortschritt in neue lichtvolle Sphären des Goldenen Zeitalters erfolgreich ablaufen, wenn ihr anfangt, eure physische Hülle wirklich wertzuschätzen.

Was eurem Wachstum – dem spirituellen wie physischen Wachstum – hilft, ist die Aufnahme von mehr flüssiger Nahrung als fester Nahrung. Frucht- und Gemüsesäfte, Suppen und Breie entlasten euren Organismus. Nach einer gewissen Zeit werdet ihr feststellen, dass euch leichte Kost sehr gut tut, und ihr werdet gesundes und leichtes Essen irgendwann von selbst suchen. Euer Körper, der euch durch euren spirituellen Prozess begleitet, wird euch mit der Zeit genaue Informationen und Gefühle geben, wie ihr euch um ihn kümmern könnt und was ihm gut tut.

Mit der Zeit werdet ihr selbst sehen, dass schlechte, schwer verdauliche Kost euch in eurer Entwicklung ständig zurückwirft und ihr immer wieder von vorne anfangen müsst. Schwere Kost muss der Körper lange verarbeiten, und es bleibt ihm keine Zeit und Energie für seine Regeneration.

Vergesst nicht, dass die menschliche Evolution nicht nur spirituelle Fortschritte beinhaltet, sie beinhaltet auch große Veränderungen für die menschliche Genetik. Eure Körper werden widerstandsfähiger – und sie werden fähig sein, länger zu leben.

Wenn ihr euch nach den Prinzipien eines gesunden Lebensstils richtet, werdet ihr euch eurer Kraft und des Lichts eures Geistes und eurer Seele bewusst, wird es euch und euren menschlichen Kollegen schon in dieser Inkarnation gelingen, um einige Jahre länger zu leben und zu existieren.

Für die Generation derjenigen menschlichen Individuen, die sich gerade durchschnittlich im Alter von fünfzig Jahren befinden, kann sich die Dauer des menschlichen Lebens um bis zu zehn Jahre verlängern! Für jüngere menschliche Individuen verlängert sich die Lebensdauer dieser aktuellen Inkarnation natürlich um einige Jahre mehr. Auch ältere Individuen über sechzig Jahre und mehr haben in dieser Inkarnation viele Möglichkeiten, ihren Körper zu regenerieren und ihr Alter zu erhöhen. Eine große Rolle spielen natürlich das spirituelle Wachstum der vergangenen Jahre und die Konstitution des physischen Körpers.

Eure Entscheidung für die Rückkehr der Gesundheit eures physischen Körpers spielt die größte Rolle bei eurer Heilung. Eure Entscheidung gesund zu werden öffnet alle eure Dimensionen, die eurer Heilung helfen. Eure Entscheidung, eure gesamte Existenz zu heilen, bringt die besten Ergebnisse.

Macht euch bewusst, dass kein Mensch, kein Wesen, keine Energie Macht über euren Körper und eure Gesundheit hat. Nichts und niemand hat das Recht, eurem Organismus zu schaden. Entscheidet euch noch heute für die Gesundheit. Entscheidet euch für eine glückliche Langlebigkeit. Entscheidet euch und zieht Gesundheit an. Ihr selbst haltet den Schlüssel zu eurer Heilung in der Hand. Nichts und niemand hat Macht über euch. Keine Negativität, kein Mensch. Über eure Gesundheit und über euren Zustand entscheidet ihr allein selbst. Eure Entscheidung führt eure Zellen zu dem Entschluss, »neu zu starten« und sich an die lichtvollen Schwingungen ihrer Essenz anzubinden.

Affirmation

Für die Rückkehr deiner Gesundheit kannst du die folgende Affirmation verwenden. Sie entfaltet ihre Wirkung am besten, wenn du sie mehrmals laut aussprichst:

»Ich entscheide mich jetzt und in diesem Raum für die absolute Freiheit meines Körpers, meines Geistes und meiner Seele.

Kein negatives Wesen, keine negative Energie hat Zugang zu mir.

Kein Wesen, keine Energie hat das Recht, über meine psychische und physische Gesundheit zu entscheiden.

Dafür entscheide ich mich kraft meines Willens, jetzt und in diesem Raum.

Ich trenne mich hiermit in diesem Raum und in dieser Zeit von allen negativen Energien und negativen Wesen, die meiner Seele, meinem Geist und meinem physischen Körper schaden.

Ich entscheide mich jetzt und in diesem Raum für die absolute Gesundheit meines gesamten Systems.

Ich rufe meine Gesundheit zurück.

Ich bin absolut mit der göttlichen, makellosen Energie und Intelligenz verbunden.

Ich entscheide mich jetzt und in diesem Raum für meine absolute Anbindung an die Frequenz meiner Gesundheit und verbinde mich hiermit, in diesem Raum und in dieser Zeit, mit der absolut makellosen Energie und makellosen Information meiner Existenz.

Ich bin glücklich. Ich bin glücklich. Ich bin glücklich.

Ich bin gesund. Ich bin gesund. Ich bin gesund.

Ich bin frei. Ich bin frei. Ich bin frei.

Danke. Danke. Danke.«

11

Energetische Arbeit zur Entfernung negativer Grundemotionen aus deinem System

Wie schon erklärt wurde, könnt ihr eurem Körper und eurem Gesamtsystem durch die Reinigung des Organismus gut helfen. Ein wichtiger Aspekt, um restliche Toxine loszuwerden, ist die Reinigung durch Energiearbeit.

Die jetzige Zeit bringt vereinfachtes Handeln mit sich, da eure Entscheidung, alles Negative loszuwerden, inzwischen schnellere Ergebnisse erzielt als in vergangenen Zeiten. Vor allem energetische Arbeit an sich selbst oder an einer anderen Person brachte vor dem Jahr 2012 langwierige Prozesse mit sich, die große menschliche Geduld erforderten.

Der Planet Erde hatte noch keine so lichtvolle Geschwindigkeit in seiner Schwingung wie heute. Die Materie des Menschen war schwerfällig und sehr mit dunklen Komponenten belastet. Alte Belastungen oder angesammelte negative Zellinformationen loszuwerden dauerte sehr lange.

Viele von euch haben dadurch das Vertrauen und die Geduld in ihr energetisches Handeln verloren.

Die aktuelle Zeit des Neustarts bringt vielfältige Möglichkeiten der rascheren Heilung des Organismus und des menschlichen Energiesystems mit sich.

Eure Absicht, die sich augenblicklich mit eurem Höheren Ich und mit Dimensionen, die Heilung oder Reinigung benötigen, verbindet, beginnt umgehend energetisch zu wirken und Lichtimpulse in euer System zu übertragen. Eure Seele reagiert sofort und fängt an, sich in eurem Raum und eurer Zeit auszudehnen und so eure Realität zu durchleuchten. Die Lichtwesen registrieren das verstärkte Licht eurer Seele und verbinden sich mit dem Licht eurer Seele.

Sie haben jetzt mehr Möglichkeiten, eurer Seele zu helfen, weil euer Licht in liebevolle Resonanz mit ihnen geht.

Die Lichtwesen, die mit weiteren Lichtwesen verbunden sind, erleben die Glücksgefühle, die eure Seele ausstrahlt, und übergeben und weiten dieses Glück und dieses Licht auf andere Lichtwesen und Lichtfrequenzen aus.

Man könnte sagen, dass eure glückliche, durchleuchtete Seele weitere und immer weitere Räume und Zeiten der Gesamtexistenz eures Seins durchleuchtet.

Je intensiver euer Licht ist, desto glücklicher und durchleuchteter sind die Welt und die lichtvolle Realität um euch herum. Eure reine Absicht, eure Realität zu durchleuchten und zu reinigen, durchleuchtet und reinigt eure Realität bereits augenblicklich.

Das ist ein sehr wichtiger Fakt, den man sich bewusst machen sollte. Dieser Fakt ist für die Neue Zeit unverzichtbar: Macht euch bewusst, dass eure Absicht den sofortigen Zugang zu eurer Heilung und Durchleuchtung bedeutet. Es ist wirklich so: Euer menschlicher Geist, der sich an die Lichtschwingung eurer Seele anbindet, ist ein Bindeglied zwischen eurem Energiesystem, dem physischen System eures Körpers und eurem Höheren Ich.

Euer Geist beginnt in dieser Zeit hochfrequent zu schwingen, und dadurch ist er in der Lage, sich mit anderen hochfrequent schwingenden Wesen und menschlichen Individuen zu verbinden. Der menschliche Geist beginnt den goldenen Schwingungen des kosmischen Wissens zu ähneln und ist somit fähig – kraft der bloßen Absicht –, sich zu verbinden und an unterschiedlichste Realitäten, die er benötigt, anzubinden.

Es ist notwendig, sich bewusst zu machen, dass eure Absicht sich nun mit hoher Geschwindigkeit bewegt und in alle Räume eurer Realitäten ausdehnt. Deshalb ist es auch notwendig, sich nur auf positive Gedanken und Absichten zu konzentrieren, bis sich der menschliche Geist vollkommen und gänzlich auf das Positive umprogrammiert hat.

Eure Absicht hat unglaubliche Kraft. Sie ist ein starker Lichtstrahl, der aus eurem Körper austritt und sich mit Realitäten, die für die Reinigung nötig sind, verbindet. Er verbindet sich in diesem Fall auch mit anderen menschlichen Wesen oder Seelen, die etwas mit eurer Heilung zu tun haben. Eure Vergebung, die ihr bei eurer Energiearbeit oft durchführt, befreit euch und befreit andere menschliche Individuen, Seelen oder Wesen, mit denen ihr negative Erlebnisse hattet. Die Absicht eurer Vergebung trennt euch buchstäblich voneinander ab und lässt euch frei sein. Ihr trennt euch voneinander ab, die Negativitäten lösen sich in Licht auf und ihr sowie die anderen, die mit eurer Vergebung etwas zu tun hatten, kommen in ihre eigene Realität, in der sie sich frei bewegen und energetisch ausdehnen können.

Das menschliche Individuum hat auf diesem Planeten eine unglaubliche Anzahl an Negativitäten erlebt, die sich in das Gedächtnis eures Systems förmlich einkodiert hat. Eure Zellen enthalten Informationen, die energetisch von Inkarnation zu Inkarnation übertragen wurden, und wenn ihr nicht positiv auf eure Zellen einwirkt, werden sie diese

Informationen weiter zurückhalten, und es kann keine Reinigung stattfinden.

Unserer Ansicht nach existieren sieben negative Grundemotionen, die immer noch alle Realitäten und den Großteil der Situationen eures Lebens und eures Seins beeinflussen. Es ist notwendig, diese negativen Grundemotionen, die die Mehrheit von euch in sich trägt, definitv im Licht zu transformieren und eure Gesamtsysteme ein für alle Mal davon zu befreien. Es ist notwendig, sie aus euren Systemen zu entfernen, damit ihr sie nicht auf eure nächsten Inkarnationen oder auf eure Kinder übertragt.

Durch das Entfernen dieser negativen Grundemotionen befreist du dein System und die Systeme anderer menschlicher Individuen, welche mit deiner Realität, die du während deiner Inkarnationen hier auf diesem Planeten erlebt hast, verbunden sind. Eure Absicht hilft euch dabei sehr.

Wir beschreiben diese negativen Grundemotionen nun, und im Anschluss bieten wir euch eine einfache Heiltechnik für die Befreiung eurer Systeme an.

All diese Emotionen könnt ihr leichter transformieren – in Licht oder in positive Information umwandeln –, wenn ihr die dazugehörigen Zahlencodes verwendet.

Die negativen Grundinformationen – Emotionen, die die Menschheit in sich trägt und die alle Realitäten des menschlichen Geschehens und Denkens durchziehen – sind:

- Angst 7
- Leid 3
- Hass 4
- Neid 2
- Ungerechtigkeit 1
- Wut 121
- Liebesentzug 88

Bei der Transformation dieser Emotionen kannst du eine einfache energetische Methode anwenden. Wir empfehlen dir die Transformation *aller* genannten Emotionen, da sicherlich jeder von euch diese Emotionen bereits erlebt hat und sie sich durch alle Ebenen eures menschlichen Lebens ziehen. Reinigt eure System ein für alle Mal.

Übung

Setze dich gemütlich hin. Atme tief. Lass zu, dass wir deine Hände energetisch aktivieren, damit du bei dieser Arbeit auf dein Herz wirken kannst. Lege deine Hände dazu mit den Handflächen nach oben auf den Oberschenkeln ab und sende deine Absicht zu uns aus, deine Hände durch uns mit Heilfrequenzen aktivieren zu lassen. Spätestens nach neunzig Sekunden werden deine heilerischen Fähigkeiten in deinen Handflächen aktiviert sein.

Lege deine Hände, durch die heilende kosmische Energie strömt, nun an dein Herz und sprich laut:

»Angst, Angst, Angst. Sieben, sieben, sieben. (Sage es mindestens drei Mal für die Aktivierung deiner Arbeit und die Öffnung der entsprechenden Realitäten.)

Ich transformiere alle Negativitäten, die etwas mit Angst zu tun haben, in Licht. Ich transformiere Emotionen und Gedanken der Angst in allen Zeiten, Räumen, Dimensionen, Zwischendimensionen, Realitäten, Parallelwelten und in allen Verwandtschaftsgraden.

Ich bitte alle Zellen meines Körpers, alle negativen Informationen, die etwas mit Angst zu tun haben, freizugeben und gehen zu lassen.

Meine Absicht ist rein und klar.

Ich vergebe allen, die mir Unrecht getan haben. Vergebt auch ihr alle, denen ich je Unrecht getan habe, mir. Ich vergebe mir. Ich befreie hiermit uns alle. Ab jetzt sind wir alle frei.

Ich bin frei.

Meine Seele, mein Geist und mein Körper sind frei.

Keine Emotion, kein Gedanke, kein Mensch oder Wesen hat das Recht oder die Macht, über meine Person zu entscheiden.

Ich entscheide mich jetzt und in diesem Raum für meine absolute Freiheit und für meine absolute seelische und physische Gesundheit.

Ich bin absolut mit der göttlichen liebevollen Energie verbunden. Meine Seele, mein Geist und mein Körper tragen die reinsten Frequenzen der göttlichen Energie und Intelligenz in sich. Meine Realität ist liebevoll und durchleuchtet.

Ich segne mich auf allen Ebenen meines Seins.«

Beobachte, wie die Prozesse in deinem Körper sich verwirklichen. Falls du fühlst, dass dein Körper oder Geist sehr stark reagieren, lasse alle physischen wie psychischen Empfindungen gehen.

Falls du keine Veränderungen beobachtest oder fühlst, lasse diese Heilfrequenzen wenigstens drei Minuten lang wirken. Trinke viel Wasser, damit alle angesammelten Informationen schneller aus deinen Zellen und aus deinem System gehen können.

Atme tief, damit alle Toxine – geistige wie auf Zellebene – gehen können.

Fahre auf gleiche Weise fort. Emotion für Emotion. (Falls

die Transformation anstrengend für dich war, fahre mit den weiteren Emotionen erst am nächsten Tag oder erst dann fort, wenn du für weitere Arbeit bereit bist. Handle nach deiner Intuition.)

Lass nach der Beendigung deiner Transformationsarbeit positive liebevolle Frequenzen durch dein Herz in dein System fließen.

Sprich laut:

»Ich integriere liebevolle Frequenzen der Harmonie in mein Herz, in meinen Körper und in mein gesamtes System. Ich integriere Freude. Ich integriere Leichtigkeit. Ich integriere Glück. Ich integriere Frieden. (Du kannst auch andere Frequenzen, die du gerade brauchst, integrieren.)

Meine Absicht ist absolut rein.

Meine Seele, mein Geist und mein Körper sind glücklich.

Meine Realität ist durchleuchtet und liebevoll.

Ich fixiere (kodiere) durch meine Absicht meine neue Realität in meinem Raum und in meiner Zeit. Ich bin an die absolut makellose göttliche Realität meines Seins angebunden. Ich verschmelze mit dieser Realität.

Danke. Danke. Danke.«

Durch die Absicht des Fixierens kodierst du die neue positive Information über die Heilung und über die positive Umprogrammierung deiner neuen Realität in das Gedächtnis deines Raums und deiner Zeit. Du verhinderst dadurch, dass deine Heilung zum ursprünglichen Zustand der Verschlimmerung zurückkehrt. Vielleicht hast du das früher erlebt, wenn sich dein Zustand wieder verschlechtert und in seine ursprüngliche Lage zurückgekehrt ist. Deine Stimme und deine Absicht der

Fixierung oder Kodierung verbinden dich mit den entsprechenden Frequenzen und Räumen, die du für deine komplette Heilung und die Fixierung deiner Heilung benötigst. Du erzeugst dadurch deinen neuen energetischen Abdruck deiner neuen makellosen Realität.

Wiederhole diese Übung so lange oder so oft, bis du dich vollkommen frei fühlst. Vergiss nicht, dass deine Emotionen und Gedanken einst Tausende von Inkarnationen überdauert haben und dein Geist nun alle Realitäten deines Seins reinigen muss. Sobald du fühlst, dass dich gewisse Lebenssituationen ruhig bleiben lassen und dich bei gewissen Leuten nicht zu negativer Resonanz verleiten, kannst du dir sicher sein, dass du befreit bist.

Noch ein paar Anmerkungen zu den Zahlenreihen

Ziffern oder Zahlenkombinationen erlauben dir, dich schneller der zugehörigen negativen Emotionen zu entledigen. Sie unterstützen dich bei deiner Arbeit und bei deiner Transformation. Diese Zahlenreihen beinhalten nicht die entsprechende negative Emotion, sondern helfen dir mit ihrer Frequenz und Gegenwart, die betreffende Emotion schneller zu transformieren.

Du kannst sie bei bestimmten Lebenssituationen auf Wasser übertragen. Etwa wenn du Ungerechtigkeit fühlst, programmiere dein Wasser mit der Ziffer 1. Schreibe die entsprechende Ziffer auf ein Papier und stelle dein Glas Wasser für drei Minuten auf diese Ziffer.

Du kannst die entsprechende Ziffer genauso gut auf ein Stück Papier schreiben und dich selbst für maximal drei Minuten darauf stellen. Dein System dechiffriert diesen Code augenblicklich und beginnt, sich beschleunigt der betreffenden Emotionen zu entledigen.

Wenn du in deinem Leben verstärkt die Emotion Leid fühlst, wende dich an Aufgestiegene Meister. Auch sie haben auf diesem Planeten sehr gelitten und können dir sehr gut aus dieser Emotion heraushelfen. (Es ist kein Zufall, dass Leid die Ziffer der heiligen Geometrie 3 oder 33 zugeordnet ist. Es ist die heilige Zahl der Aufgestiegenen Meister.)

Wenn dich Hass bindet – deiner wie auch fremder –, wende dich an die Engelwelt und die liebevolle Harmonie ihres Zahlencodes 4 oder 44. In der Frequenz des Hasses sind auch die destruktive Kraft der Verfluchung verborgen, des schlechten Redens hinter dem Rücken, des negativen Urteilens sowie der Schwarzen Magie und der magischen Rituale. Bei der Befreiung von Hass gegen dich selbst rufe alle Erzengel, die dir helfen können und die dich von dieser destruktiven Emotion oder Energie harmonisch befreien.

Wenn du Ungerechtigkeit fühlst, verwende die Zahl 1 für deine »Aufrichtung«. Stelle dir die Zahl 1 in deinem Körper vor, wenn du deinen Körper von der Seite betrachtest. Die Zahl 1 lässt dich »aufrecht« sein und verbindet dich mit den göttlichen Gesetzen der Gerechtigkeit.

Bei oder nach der Arbeit mit Liebesentzug kannst du eine liegende Acht vor deinem Herzen und eine zweite hinter deinem Rücken auf Höhe des Herzens visualisieren. Durch dein Herz strömt dann ununterbrochen die göttliche bedingungslose Liebe. Dadurch findest du auch deine Selbstliebe, die dir in dieser Inkarnation möglicherweise fehlt.

12

Mutter Erde und eine Durchsage von Gaia, der Seele der Erde

Für die Kodierung des positiven Ergebnisses eurer Arbeit ist erneut eure Absicht wichtig. Die Absicht, die positive Information von eurer Heilung einzukodieren. Dadurch, dass du mit deiner Stimme oder kraft deiner Visualisation das positive Ergebnis deiner Arbeit einkodierst – fixierst –, erschaffst du deine neue Realität. Du erschaffst ein energetisches Duplikat deines heilerischen Ergebnisses. Dieser energetische Abdruck wird sich an deine neue Realität der Zukunft anbinden und ohne Fehler und Negatives sein.

Deshalb ist es bei der energetischen Arbeit wichtig, das positive Ergebnis zu visualisieren oder auszusprechen. Du erschaffst dir dadurch nicht nur deine neue Realität, sondern auch deine Lichtbegleiter sehen diese neue Realität sofort und verbinden dich mit ihr. Die veraltete, fehlerhafte und unbrauchbare Realität wird in Licht transformiert.

Indem du dich in deiner neuen Realität fixierst, trennen sich veraltete und fehlerhafte Informationen, Programme und Bindungen von dir ab. Du verschiebst dich um eine gewisse Zeitsequenz hin in deine Zukunft.

Die Visualisierung oder Fixierung deiner neuen Zukunft mit Hilfe deiner Stimme ist momentan sehr wichtig. Nicht nur bei der Arbeit mit Energiemethoden. Du bist in allen Lebenssituationen dein eigener Schöpfer, und das gilt jetzt mehr als je zuvor. Dadurch, dass das menschliche Individuum viele seiner Realitäten und Parallelleben, Dimensionen und Zeiten gereinigt hat, dehnt sich das Bewusstsein der Menschheit in die ewigen Räume der Unendlichkeit aus. Dort nimmt das Bewusstsein der Menschheit unendliche Möglichkeiten auf und gelangt an Informationen der göttlichen Intelligenz. Das bedeutet, dass die menschliche Gemeinschaft mit jeder positiven Tat oder positiven Arbeit an ihrer Heilung unvorstellbare Mengen an Lichtinformationen und Lichtphotonen in ihre menschlichen Realitäten aufnimmt.

Die menschliche Gemeinschaft erhält unendliche Möglichkeiten bei ihrer Ausdehnung und bei ihrer Erkundung der göttlichen Räume und Realitäten.

Das menschliche Bewusstsein dehnt sich aus und heilt in seinen Räumen und Zeiten. Durch jede positive Visualisation oder Arbeit erzeugt die menschliche Gemeinschaft neue Realitäten ihres Seins.

Der Planet Erde, der sich nun darauf vorbereitet, schon sehr bald endgültig aus allen übriggebliebenen belastenden Programmen, Räumen und Realitäten der dreidimensionalen Existenz auszusteigen, bindet sich an das neue menschliche Bewusstsein an. Er bindet sich mit jedem Zentimeter und Parameter seines Seins an und richtet sich erwartungsvoll auf den Einstieg ins Goldene Zeitalter ein.

Es bringt dem Planeten große Erleichterung, eine neue Existenz und eine neue planetarische Zukunft bringt.

Der Planet Erde, der momentan alle seine Dimensionen, Räume und Zeiten durchleuchtet, ruft alle menschlichen Wesen dazu auf, sich aller Negativitäten und aller belastenden Muster und Programme zu entledigen.

Er ruft sie zur Zusammenarbeit und zu einer gemeinsamen Sprache auf. Zur Sprache des Verständnisses und zur Zusammenarbeit, bei der der Erde bei ihrem Ausstieg aus der aktuellen menschlichen negativen Realität geholfen wird. Er ruft alle menschlichen Individuen auf, alle Negativitäten, die sie in sich tragen, loszuwerden. Negatives und alle dunklen Muster bremsen den Prozess und Aufstieg ins Goldene Zeitalter ab. Sie bremsen den Prozess des Verständnisses und den Prozess, der zur Reinheit der menschlichen Herzen führt.

Durchsage von Gaia

»Entledigt euch aller schlechten Gedanken und schlechten Emotionen. Die ursprüngliche menschliche Rasse, die sich hier auf diesem Planeten befand, trug keine negativen Emotionen und Gedanken in sich. Kehrt zu eurem Ursprung zurück und lasst eure reinsten Energien und Frequenzen in eure Herzen fließen. Kehrt zu eurem Ursprung zurück und lebt nach den kosmischen Gesetzen des Positiven. Lebt in Liebe und in Frieden, so, wie es eure ursprüngliche menschliche Zivilisation tat. Lebt in Einklang mit der Natur und ihren Gesetzen.

Verändert nicht das, was durch die göttliche Intelligenz bereits gegeben ist, sondern verändert das, was ihr zur Unnatürlichkeit geführt habt.

Eure Natur, euer Sein und eure Existenz verändern sich zum Positiven. Meine Dankbarkeit und meine Liebe durchdringen eure Herzen und eure Realität. Meine Liebe und meine Dankbarkeit werden die Herzen eurer Kinder und deren nachfolgende Generationen nähren.

Ich rufe euch zur Zusammenarbeit und zur Sprache des Verständnisses auf.

Ich liebe euch, ich liebe jedes Wesen – menschlich, tierisch wie auch nicht-lebend –, das den Weg zu mir findet, auf diesem Planeten. Ich habe alle Wesen empfangen, und ich liebe jedes Einzelne.

Lasst uns die gemeinsame Sprache des Verständnisses, der Liebe und Dankbarkeit finden.

Die nachfolgenden menschlichen Generationen werden eine Heimat auf diesem Planeten finden, die wahre Heimat der irdischen Inkarnation, die jetzt vielen menschlichen Individuen fremd ist und die viele menschliche Individuen mühselig suchen.

Euer Verständnis führt zu geheilten Körpern und geheilten Herzen von Mensch und Tier.

Euer Verständnis führt zur Heilung der Naturreiche und irdischen Sphären. Es bringt dem ganzen Planeten Frieden und Natürlichkeit und meiner Seele Frieden und Glück.

Ich atme für euch und ernähre euch. Euer Verständnis führt zu meinen nächsten und unendlichen Atemzügen und zur unendlichen Energie für euer Sein hier, auf diesem Planeten. Mein Atem und meine Energie lassen euch hier leben und lassen euch hier existieren.

Ich liebe euch.

Gaia.«

13

Worte für Eltern kosmischer Kinder

Die neuen nachfolgenden Generationen von Kindern, die auf diesen Planeten kommen, werden Generationen sein, die alle menschlichen Herzen verbinden. Sie verbinden menschliche Herzen untereinander und gleichzeitig die Herzen und den Geist anderer friedliebender außerirdischer Zivilisationen. Diese Kinder werden enorme galaktische Liebe und die Liebe Gottes in sich tragen.

Auch die kosmischen Kinder, die sich bereits hier auf der Erde befinden, verbinden die menschlichen Herzen und haben zudem eine große Aufgabe auf sich genommen: für die nächsten nachfolgenden Generationen kosmischer Seelen hier auf diesem Planeten eine energetische Umgebung vorzubereiten.

Der Planet Erde nimmt alle menschlichen Seelen auf, die sich erneut inkarnieren. Der Aufenthalt in den Dimensionen der lichtvollen Ewigkeit hat vielen menschlichen Seelen geholfen, ihre Energie anzuheben und ihr Bewusstsein auszudehnen, und so wird der Aufenthalt auf der Erde einfacher für sie sein. Gleichzeitig helfen diese menschlichen Seelen auch den nachfolgenden Generationen kosmischer Kinder, ihnen den energetischen Aufenthalt hier, auf diesem Planeten, zu erleichtern.

Die kosmischen Kinder, die sich bereits auf den Planeten Erde inkarniert haben, durchdringen mehrere Realitäten gleichzeitig. Das hilft ihnen dabei, verstärkt auf ihre Umgebung und die dazugehörigen Personen wirken und sie heilen zu können.

Die Familienangehörigen, die ein solches Kind haben, tragen eine ebenso große Aufgabe und Verantwortung – und zwar die Energie ihres Kindes zu schützen und ihm energetische Bedingungen zu schaffen, die ihr Kind braucht.

Diese kosmischen Kinder, die wir schon mehrmals erwähnt haben, haben unsere stetige Bewunderung! Die Seelen solch weit entwickelter kosmischer Persönlichkeiten inkarnieren in menschliche Körper, was bedeutet, dass sich in dem menschlichen Körper ein bewusstseinsmäßig und spirituell enorm entwickeltes Individuum befindet.

Das hat zur Folge, dass die menschliche Materie häufig durch die hochfrequenten Schwingungen der kosmischen Seele überlastet ist. Bei kosmischen Kindern kommt es vor, dass ihr kindlicher Körper oft krank ist, bis er sich an die hohe Schwingung der entwickelten kosmischen Seele gewöhnt. (Die nachfolgenden Generationen kosmischer Kinder werden bereits einen widerstandfähigeren Körper haben, weil sich im Goldenen Zeitalter auch die Genetik und Widerstandskraft der menschlichen Materie verändert.)

Die Eltern und Familienangehörigen der jetzigen kosmischen Kinder werden häufig mit Situationen konfrontiert, bei denen sie oft an die Grenzen ihrer menschlichen Möglichkeiten gelangen. Deshalb möchten wir ihnen gern tröstende und verständnisvolle Worte zukommen lassen.

Die menschliche Materie ist sehr anpassungsfähig und nach einer gewissen Zeit ist sie in der Lage, den kosmischen

Schwingungen der Seele des Kindes zu entsprechen. Das kosmische Kind braucht die menschliche Materie für seine Existenz im Grunde gar nicht. In der Nacht oder im Laufe des Tages tritt seine Seele teilweise aus dem Körper aus, damit es sich von der Schwerfälligkeit des menschlichen Körpers »erholen« und sich mit den liebevollen Frequenzen des Kosmos verbinden kann, die es auf dem Planeten Erde bereits gibt. Die Seelen der kosmischen Kinder *ernähren* sich von diesen Frequenzen geradezu, und das hat zur Folge, dass diese Kinder kein Hungergefühl haben.

Den menschlichen Körper haben sie vor allem deswegen angenommen, um die schon im Voraus geplanten Aufgaben, die in den meisten Fällen für die gesamte Gesellschaft von Vorteil sind, durchführen zu können.

Die Seelen kosmischer Kinder können auch ohne Worte kommunizieren. Durch den bloßen Blick in die Augen können sie euch ihre Informationen übergeben, Gefühle oder unterschiedlichste Botschaften. Dadurch, dass sie häufig teilweise aus ihrem Körper aussteigen, sind sie fähig, mehrere Dimensionen, Ebenen und Zeiten um sich herum gleichzeitig zu registrieren. Außerdem können sie sich telepathisch mit anderen kosmischen Seelen verbinden, die sich bereits hier auf der Erde in einem menschlichen Körper befinden, und übertragen einander verschiedenste Informationen, die notwendig sind.

Jede Seele eines kosmisches Kindes ist absolut an ihre kosmische Familie, an ihr Höheres Ich, die Lichtwesen und an die Informationen der göttlichen Intelligenz angebunden. Ihre Wahrnehmung ist multidimensional, und dadurch ist sie in der Lage, mehrere Dinge um sich herum gleichzeitig wahrzunehmen. Ihre Verbindung mit ihrem Höheren Ich gibt diesen Kindern notwendige Informationen und die notwendige Anbindung an andere Ebenen und Zeiten. Aus diesem Grund ist ihnen die Gesamtsituation auf der Erde wie im Kosmos absolut klar. Sie sind mit ihrem Wissen an die Datenbank des kosmischen Wissens angebunden, die das Matrixnetz allen Geschehens und allen Wissens darstellt.

Die Seelen dieser Kinder werden durch die göttliche kosmische Liebe genährt. Es sind hochentwickelte Seelen, die nur Liebe in sich tragen. Sie tragen kein Urteilen, keinen Hass und keine Boshaftigkeit in sich. Sie verstehen die Gesetze der göttlichen Liebe und Gerechtigkeit vollkommen.

Die Eltern dieser Kinder sehen sich oft Hindernissen gegenüber, die ihnen von anderen menschlichen Kollegen, die noch niederfrequent schwingen, in den Weg gestellt werden. Vor allem im Kindesalter ist es notwendig, ihr Kind vor dem noch existierenden Bösen auf diesem Planeten zu schützen. Kosmische Kinder haben nämlich zu allen anderen menschlichen Individuen großes Vertrauen und sehen nur die Liebe in ihnen. Sie können zwar genau die Schwingung des anderen einschätzen und erspüren, doch sie können sich nicht vollends davor schützen, da Böses und Negativitäten auf ihren Heimatplaneten nicht vorkommen. Sie kommen wirklich von einer komplett anderen Welt und von anderen Frequenzen auf den Planeten Erde.

Das Wichtigste für diese Kinder ist ein ruhiges familiäres Klima, in dem sie Vertrauen zu ihrem Sein und zu ihrer Existenz finden können. Diese Kinder sind in der Natur am glücklichsten – in der Natur, wo sie sich so verhalten können, wie es ihre Seele braucht. In der Natur können sich ihre Seele und ihr Körper entspannen. Sie können sich an die reinen Frequenzen der Natur und der lichtvollen Naturwesen anbinden. In der Natur fühlen sie sich ähnlich wie Zuhause, auf ihrem Ursprungsplaneten. In der Natur ist alles rein und klar, und das Matrixnetz des Planeten Erde verbindet sie mit dem Wissen des Kosmos. In der Natur kann sich die Seele des kosmischen Kindes in alle Räume und Zeiten ausdehnen, was ihre Seele glücklich macht. Sie ist dann an die göttlichen Frequenzen angebunden und damit an ihre Essenz.

Viele kosmische Kinder haben sich die Rettung eures Planeten zur Aufgabe gemacht, weil sie begreifen, dass eure Erde schon in sehr kurzer Zeit aus ihrer veralteten Realität aussteigen und es notwendig sein wird, sie dabei zu unterstützen. Sie verstehen, dass der Planet seine Schwingung frequenzmäßig erhöht und ihn das große Kraft kostet. Deshalb wollen sie ihm auf verschiedenen Ebenen seines Seins helfen, zum Beispiel durch die Rückkehr zur Natürlichkeit verschiedener Naturplätze, die Reinigung der Erde von Elektrosmog, Abfall – und vor allem dadurch, dass sie auf menschliche Individuen einwirken, denen die planetarische Situation noch nicht klar ist, und ihnen beim Bewusstseinswachstum helfen.

Die kosmischen Kinder sehen ihre ganze Inkarnationslinie und wissen deshalb genau, wie sie ihre Inkarnation so genau wie möglich planen können, in welche Familie und an welchen Ort sie inkarnieren sollen. Auch wenn sie in einem menschlichen Körper leben, ein irdisches menschliches Leben führen und irdische menschliche Situationen durchleben, sind ihnen ihre Aufgabe und ihre kosmische Einzigartigkeit und ihr Wissen doch vollkommen klar – und früher oder später erreichen sie ihre Mission.

Im vorangegangenen Buch haben wir euch mitgeteilt, dass die kosmischen Familien dieser Kinder ununterbrochen in ihrer Nähe und in reger Kommunikation mit ihnen sind. Durch die Anhebung der kosmischen Schwingungen auf dem Planeten Erde erhöht sich auch die Möglichkeit zur Kommunikation mit den kosmischen Familien. Je stärker die kosmische Liebe auf dem Planeten Erde ist, desto stärker werden der Kontakt und die Kommunikation mit den kosmischen Familien und mit den Lichtwesen. Dadurch fühlt sich das Kind mehr und mehr energetisch unterstützt und im Kontakt mit seiner kosmischen Familie bestärkt. Es fühlt sich deshalb besser, sicherer und stabiler auf diesem Planeten, und sein Handeln wird ihm hier mehr und mehr Freude und Stabilität bringen.

Diese Worte sollten ein Trost für Eltern und Familienangehörige sein, die mit der Ankunft eines kosmischen Kindes in der Familie möglicherweise überfordert sind.

Die Gesamtsituation auf dem Planeten wird sich zum Positiven verändern, und in der Folge werden sich die kosmische Liebe und die kosmischen Frequenzen anheben.

Alle nachfolgenden Generationen werden die vermehrten Möglichkeiten der kosmischen Liebe in sich tragen, so dass sich auch die Genetik des menschlichen Körpers ändern wird – und die Informationen für die DNA werden sich ändern.

Es bricht eine Zeit an, die auf positive Weise sehr aufregend ist, und dafür wünschen wir euch viel Liebe in euren Herzen.

Viel Liebe euch und viel Liebe all euren Kindern! Den irdischen und den kosmischen Kindern!

Schätzt sie und schenkt ihnen eure Liebe.

Frieden mit euch.
Frieden mit uns.

14

Zeit

Mit der Anhebung des Bewusstseins der menschlichen Gemeinschaft eröffnen sich neue Möglichkeiten für euer Sein und für euer Handeln. Vielleicht ist euch schon aufgefallen, dass alle – wirklich *alle* eure Taten, die sich hier auf der Erde abspielen –, mehr und mehr Sinn ergeben. Vielleicht werdet ihr euch eures Handelns oder bestimmter Situationen auch immer bewusster. Vielleicht ist euch klar, warum sich euer Handeln oder eine bestimmte Situation gerade so abspielt.

Ihr könnt bereits häufiger einschätzen, warum eine Situation geschieht und warum ihr so gehandelt habt, wie ihr gehandelt habt. Es ist, als würdet ihr aus einem anderen Blickwinkel auf euch schauen oder aus einer anderen Zeit. Euer Handeln spielt sich nach dem Prinzip der Verschiebung in der Zeit und nach dem Gesetz der Aktion und Reaktion ab.

Die Neue Zeit, die gerade anbricht, bringt die Möglichkeit der augenblicklichen Verbesserung mit sich, sofern ihr eine Berichtigung wünscht. Die Neue Zeit, die euch eine Vielzahl an Möglichkeiten bringt, lässt euch so leben, wie ihr es euch wünscht. Ihr habt die Möglichkeit, euer Handeln sofort zu berichtigen, weil euch klar ist, was an der gegebenen Situation nicht richtig war.

Ihr könnt klar beurteilen, welches Handeln angebracht wäre. Eure Intuition ist unfehlbar.

Mit den neuen Möglichkeiten der gedanklichen Verschiebungen in der Zeit eröffnen sich euch neue Varianten eures Seins hier auf der Erde.

Eure Erinnerungen und euer Umdenken, was die Vergangenheit angeht, sind nichts anderes als gedankliche Verschiebungen in der Zeit. Es sind gedankliche Verschiebungen in eurer persönlichen Zeit. (Die ganzheitliche kosmische Zeit verläuft nach anderen Maßstäben und Parametern.)

Jeder von euch lebt in einer bestimmten persönlichen Zeit. Jeder von euch hat ein bestimmtes Zeitsystem, das er mit seinen eigenen Gedanken beeinflussen kann. Je nachdem, in welcher seiner Zeiten er sich gerade befindet.

Wenn du viel in der Vergangenheit »lebst«, erlebst du nicht deine aktuelle Gegenwart.

Deine Gedanken kehren immer wieder zu Bildern der Vergangenheit zurück, und dadurch verstreicht deine Zeit entsprechend dieser durchlebten Ereignisse.

Durch die Anbindung an die Vergangenheit verlierst du die Vorstellung von deiner eigenen Zeit und erlebst nicht voll deine Gegenwart. Deine Zeit ist beeinflussbar durch deine Gedanken. Und zwar in jeder Situation und in jeder Zeitsequenz.

Wenn wir von unserem Standpunkt aus auf euch blicken, sehen wir genau, in welcher Zeitsequenz ihr euch befindet und welches Zeitsystem euch gerade beherrscht. Es ist, als befände sich jeder von euch in seiner persönlichen zeitlichen »Kugel«, die sich gemäß euren Gedanken verändert. Diese Kugel, in der ihr euch befindet, besteht aus einer durchsichtigen Energie, die beweglich ist. Aus dieser Kugel treten Kanäle zu bestimmten Dimensionen und zu bestimmten Welten und Realitäten von euch aus.

Gleichzeitig besteht diese energetische Zeitkugel aus durchsichtigen rechteckigen Flächen verschiedener Ausmaße, die je nach der Situation und der Zeit, in der ihr euch gerade gedanklich befindet, beweglich sind. Jeder von euch lebt in einer solchen Energiekugel. *Das ist eure persönliche Zeit.*

Diese Zeit hat jedoch nichts mit der euch umgebenden ganzheitlichen kosmischen Zeit zu tun. Eure eigene Zeit erzeugt ihr durch eure eigenen Gedanken. Die kosmische Zeit, in der »Zeit« eigentlich gar keine Rolle spielt, dient als stabiler Maßstab für eure persönlichen Zeiten.

Es ist, als würdet ihr euch mit eurer durchsichtigen Energie in diese kosmische Zeit einfügen. Die kosmische Zeit zieht euch in die richtige, wirkliche Zeit, die keine Zeit und doch stabil ist. Sie ist stabil und nicht messbar. Die kosmische Zeit ist eine riesige physikalische Größe, präzise in ihrer Stabilität und Konstanz. Die physischen Lichteinheiten der kosmischen Zeit sind absolut präzise, stabil und konstant und unveränderlich. Trotzdem ist die Zeit der Ewigkeit unendlich in allen Möglichkeiten.

Im Gegensatz zur irdischen Zeit, in der ihr euch gerade befindet.

Damit ihr keine »Sklaven« eurer Zeit seid, solltet ihr lernen, eure eigene, persönliche Zeit zu beherrschen.

Wir wissen, dass die Zeitlinien der Menschheit mehrmals von den dunklen Mächten manipuliert worden sind. Wir wissen, dass eure irdische Zeit nicht gänzlich nach irdischen Parametern fließt. Wir wissen, dass die Menschheitsgeschichte einige Male verändert wurde und die Zeitlinien euch in andere Sphären eures Denkens geleitet haben.

Mit dem Anbruch des Goldenen Zeitalters werden sich die Zeitlinien des irdischen Seins nach und nach ausgleichen. Sie beginnen sich bereits auszugleichen, und eure menschliche Gemeinschaft wird aufatmen können, wenn ihr aufhört, Sklaven dieser Zeit zu sein.

Die manipulierten Zeitlinien haben nichts mit der ganzheitlichen kosmischen Zeit zu tun. Die kosmische Zeit, auf die ihr alle zustrebt, bietet Einheitlichkeit, Ganzheit und Erleichterung an. Erleichterung von eurer ständigen Eile und von dem ständigen Bedürfnis, die Zeit anzuhalten. Zeit wird im Goldenen Zeitalter gemäß der kosmischen Gesetze fließen. Die irdische Zeit, die euch ständig gebunden hat, wird in Licht umgewandelt – und der menschliche Geist wird seine durchsichtige Zeitkugel an die ganzheitliche kosmische Zeit anbinden können.

Ihr verliert eure schönen Erinnerungen nicht, aber eure Zeit wird euch nicht mehr versklaven.

Jeder von euch wird in der Lage sein, besser mit seiner Zeit zu arbeiten, da ihr feststellen werdet, dass Zeit eigentlich gar nicht existiert. Euer Geist wird die Zeit erschaffen, die er gerade braucht.

Zeit – als physikalische Größe betrachtet – ist eine bewegliche Form, und ihr sollt wissen: Man kann in der Zeit reisen, nicht nur gedanklich, sondern auch mit der vollständigen Realität seines Seins. Zeit ist beweglich.

Wir haben beispielsweise die Möglichkeit, uns mit Zeit zu verbinden, wenn wir ein Zeit-Abenteuer erleben möchten oder wenn wir auf Planeten reisen, auf denen es noch Zeit gibt. Wir leben in der Dimension der zeitlichen Ewigkeit und Unendlichkeit, wir sind mit der gesamten kosmischen Zeit verbunden, und Zeit spielt für uns keine Rolle. Wir beherrschen unsere persönliche Zeit mit unseren eigenen Gedanken und mit unserem eigenen Handeln und unseren Taten.

Die Anbindung an die ganzheitliche kosmische Zeit brachte uns Erleichterung und Seelenfrieden, weil wir nicht in einer künstlich geschaffenen Welt mit künstlich geschaffenen Regeln leben. Unsere Zeit entfaltet sich nach unseren persönlichen Wünschen. Wir leben vor allem in der Gegenwart, wir genießen jeden Augenblick in vollen Zügen, und unsere Seele kann sich im gegenwärtigen Augenblick mit den reinsten Frequenzen der kosmischen göttlichen Intelligenz verbinden.

Zeit, wie sie sich jetzt auf der Erde abspielt, wird bald transformiert werden. Mit dem Übergang in eure nächste, siebte Bewusstseinsdimension wird eure irdische Zeit vollends an die kosmische Zeit angebunden sein.

Dieser Prozess wird natürlich noch eine ganze Weile dauern, aber wir möchten euch schon mal darüber informieren und euch einen Überblick über eure menschliche Zukunft verschaffen. Wir möchten euch erklären, dass sich die irdische Zeit der dritten Bewusstseinsdimension gemäß den Bedürfnissen der irdischen menschlichen Gemeinschaft und gemäß irdischen Bedürfnissen abgespielt hat. (Bis auf die angesprochenen manipulierten Zeitlinien.)

Die Zeit der fünften Bewusstseinsdimension stellt einen Übergang zur kosmischen Zeit dar, die unveränderlich ist und die alle Zivilisationen anstreben.

Wir möchten euch erklären, dass auch das Sein in der fünften Bewusstseinsdimension diese großen Möglichkeiten bietet, die in der Zeit der Unendlichkeit beinhaltet sind.

Euer Sein in der fünften Bewusstseinsdimension, das auf die siebte Bewusstseinsdimension zustrebt, bietet große Möglichkeiten an Aspekten und Perspektiven. Zeitliche Freiheit ist einer der Hauptvorteile, die euch die neue Bewusstseinsebene bietet. Viele von euch sind sich vielleicht noch nicht bewusst darüber, dass gerade Zeit einer der Hauptaspekte ist, den die menschliche Gemeinschaft verlassen wird. Zeit, die euch bislang gebunden hat, wird während des Goldenen Zeitalters transformiert werden.

Die irdische Zeit wird euch nicht länger binden und euer Sein versklaven. Zeit, die auf dem Planeten Erde verstrichen ist (und immer noch verstreicht), schränkt eure Wahrnehmung und eure spirituelle Entwicklung sehr ein.

Meditation, in der ihr ins zeitliche Nullpunktfeld gelangt, ist für euch bislang eine der wenigen Möglichkeiten, bei denen die Zeit sozusagen stehenbleibt.

Meditation gibt euch die Möglichkeit, euch durch euren Geist mit anderen lichtvollen Parametern und Räumen ohne Zeit zu verbinden. Mit Räumen, in denen sich euer Geist frei fühlt und nicht »nachdenken« muss.

Wenn ihr in eurem irdischen Leben irgendwelche Probleme habt, ermüdet euer Geist und überträgt diese Müdigkeit auf euren Körper. Euer Geist bringt euren Körper dazu zu schlafen, damit er sich wenigstens kurz vom Körper lösen und sich mit Dimensionen verbinden kann, die ihm Erleichterung und teilweise Freiheit gewähren. Es ist praktisch ein Schutzmechanismus eures Geistes, damit er sich ausruhen kann. Er möchte das erleben, was er während der Meditation erlebt.

Versucht, bevor ihr zu Bewusstseinsebenen ohne Zeit aufsteigt, gedanklich so viel wie möglich in der gegenwärtigen Zeit und im gegenwärtigen Augenblick zu leben. Denkt nicht mehr daran, was ihr alles in der nächsten Woche erledigen müsst. Das Denken an unangenehme Dinge in der Zukunft verschiebt die durchsichtigen Flächen eurer energetischen Zeitkugel und öffnet so Kanäle und Räume zu weiteren Unannehmlichkeiten in der Zukunft. Versucht, in der Gegenwart zu leben, und genießt sie in vollen Zügen. Wenn ihr angenehme Momente erlebt, genießt sie und macht euch bewusst, dass ihr diese Gefühle gedanklich *jederzeit* »aktivieren« könnt.

Durch Meditation und das Leben in der gegenwärtigen Zeit bist du mit der kosmischen universellen Zeit, zu der das gesamte Geschehen strebt, verbunden. Dort befinden sich Entspannung, Harmonie und Frieden.

15

Erschaffung deiner neuen Realität, eine neue Zahlenreihe und Übung

Ein weiterer wichtiger Punkt, den du in dieser Zeit berücksichtigen kannst, ist das Aussteigen aus deiner aktuellen oder vergangenen fehlerhaften gedanklichen Realität.

Mache dir bewusst, dass dein Denken dein Sein hier auf der Erde beeinflusst.

Mache dir bewusst, dass du die Kraft zur Veränderung deiner jetzigen Realität in dir trägst.

Du trägst sie in dir auch, wenn deine Energie noch gebunden und teilweise mit der dritten Bewusstseinsdimension verbunden ist, weil noch nicht alle Bewohner sich in der fünften Bewusstseinsdimension befinden.

Du hast sicher schon viele Schritte in deiner Bewusstseinsentwicklung getan. Sicher hast du deine Realitäten und dein Sein gereinigt. Möglicherweise passiert es dir, dass du trotzdem deiner fehlerhaften Realität verhaftet bleibst und das Gefühl hast, dich nicht befreien zu können, obwohl du schon eine große Menge an Negativitäten gereinigt hast.

In dieser Zeit erhältst du aber die Möglichkeit, dich gedanklich in der Zeit und auch im Raum in diejenige Realität zu verschieben, die dir zusagt. Die Zeiten und Räume deines Seins sind bewegliche Elemente.

Wenn du dich in einer Situation wiederfindest, die für dich nicht zufriedenstellend ist, steige gedanklich in eine andere Realität ein. Bringe dich selbst durch Visualisation in ein anderes Raumkontinuum.

Zum Beispiel leidest du unter der negativen Energie anderer Menschen. Mit ihren negativen Gedanken durchstoßen sie ständig deine Aura, und dein Körper hat angefangen zu kränkeln. Du befindest dich in einer Realität, die dich nicht zufrieden stellt, hast aber nicht genug Kraft, dich vor diesen Energien zu schützen. Je mehr negative Menschen an dich denken, umso schlechter geht es dir.

Für die Erschaffung deiner neuen Realität kannst du die folgende Zahlenkombination verwenden:

35791

Eine ausführliche Erklärung der neuen Kombination findest du am Ende dieses Kapitels.

Übung

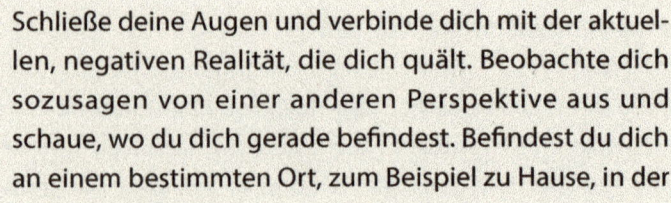

Schließe deine Augen und verbinde dich mit der aktuellen, negativen Realität, die dich quält. Beobachte dich sozusagen von einer anderen Perspektive aus und schaue, wo du dich gerade befindest. Befindest du dich an einem bestimmten Ort, zum Beispiel zu Hause, in der Arbeit, draußen …?

Du beginnst nun, deine Realität zu verändern. Dazu sind nur fünf Schritte notwendig.

- Sprich laut: »**35791**.«
- Vergib allen Menschen, menschlichen Seelen und Wesen, die dich verletzt haben oder verletzen. Bitte alle Menschen, menschlichen Seelen und Wesen, die du je verletzt hast, um Vergebung. Vergib dir selbst.
- Trenne dich von negativen Energien ab, die sich um dich herum befinden und verhindere durch deine Absicht ihren Zugang zu deinem System. Sprich laut: »Ich trenne mich von allen negativen Energien ab, die sich in meinem System befinden. Ich verwehre den negativen Energien den Zugang zu meinem gesamten System. Alle negativen Energien sind transformiert.«
- Bringe dich kraft deines Geistes nun an einen Ort, an dem es dir gut geht. An einen Ort, an dem du dich befreit fühlst. Bringe dich zum Beispiel an eine sonnige Wiese, auf der du schützend von Wald umgeben bist. Du bist absolut beschützt. Deine neue Realität ist hell und frei. Du siehst, dass du aufrecht stehst und dein Energiesystem und dein Körper in wunderschönem, klarem Licht erstrahlen. Du bist frei und keine negative Energie, kein Mensch und kein Wesen hat Zugang zu dir. Du befindest dich außerhalb ihres »Blickfelds«. Du hast deine neue makellose Realität erschaffen. Nimm wahr, wie sich diese neue Realität anfühlt. Nimm auch die Sonnenstrahlen und den Duft des Waldes wahr. Nimm wahr, wie weich die Wiese ist, auf der du stehst.
- Fixiere jetzt deine neue Realität. Sprich laut: »Ich fixiere kraft meiner Absicht meine neue makellose Realität in meinem Raum und in meiner Zeit. **35791**.«

Wir gratulieren dir zum Erfolg der Übung. Durch deine Visualisation hast du dir deine neue Realität und den Beginn deiner makellosen Existenz erschaffen. Diese neue Realität solltest du so lange visualisieren, bis du das Gefühl hast, dass du von negativen Energien und den negativen Energien anderer Menschen oder Wesen befreit bist. Durch deine visualisierende Verbringung an einen anderen Ort deiner Realität hast du dich außer Reichweite anderer Wesen begeben, die dir schaden, weil du dich jetzt in einer anderen Realität befindest als in der, in der sie dich negativ beherrschen. Du bist energetisch für sie nicht mehr auffindbar.

Sei dir bewusst, dass die Visualisation des menschlichen Individuums sehr machtvoll ist. Das menschliche Individuum ist kraft seines reinen Herzens und seiner Anbindung an die göttliche Energie zu sehr qualitätsvoller Visualisation und Materialisation seiner Wünsche fähig.

Das menschliche Individuum kann mit seinem Herzen alle positiven Ergebnisse erzielen, die es sich wünscht und die im Einklang mit den göttlichen positiven Gesetzen sind. Die Fähigkeiten und Möglichkeiten des menschlichen Individuums werden immer weiter wachsen.

Durch die Fixierung deiner Visualisation hast du dich in eine Realität befördert, die du benötigst. Durch deine Visualisation und anschließende Fixierung hast du dir deinen neuen energetischen Abdruck geschaffen. Dieser Abdruck ist makellos und damit ein Teil der göttlichen Intelligenz. Du trägst einen weiteren Teil der göttlichen Energie in dir.

Bei der Visualisation deiner neuen Realität hast du dich mit der kosmischen Zeit verbunden. Als wäre deine Zeit stehen geblieben und als hätte sie sich dank deiner Visualisation mit ihrem fehlerlosen kosmischen Geschehen verbunden.

Auch wenn die Erschaffung deiner neuen Realität sehr einfach ist, hast du doch eine tiefe Heilung deiner Existenz bewirkt. Du hast dich von der Vergangenheit befreit und deine Zukunft geheilt.

Die Zahlenkombination **35791** verbindet dich mit den Möglichkeiten deiner neuen Realitäten. Diese Zahlenreihe öffnet die Tore zu den kosmischen Bewusstseinsdimensionen. Sie lässt dich in diesen Räumen arbeiten, und sie lässt dich am Ende deiner Arbeit deine Visualisation fixieren, einkodieren.

Die Zahl 1 am Ende dieser Reihe verdeutlicht die göttliche Energie und Intelligenz, in der sich alle Möglichkeiten aller Möglichkeiten verbergen. Alle Möglichkeiten der makellosen und absoluten Intelligenz. Die Eins ist der Beginn und das Ende von allem. Sie ist eine sich wiederholende Information der göttlichen Ordnung.

Indem du diese Zahlenkombination laut aussprichst, kannst du intensiver arbeiten. Aber schon mit der bloßen Visualisation dieser Zahlenreihe erhältst du große Hilfe.

Falls du dich gerade im Schaffensprozess deiner neuen Realität befindest, kannst du diese Zahlenreihe auch auf Wasser programmieren. Hier ist jedoch Vorsicht geboten! Du kannst sie auf Wasser programmieren, aber trinke dieses Wasser nur dann, wenn du gerade an deiner neuen Realität arbeitest! Deine Zellen nehmen deine neue Realität wahr und programmieren sich darauf. Damit ist gemeint, dass du dieses programmierte Wasser am Anfang, im Verlauf und am Ende deiner bereits oben erklärten Übung trinken kannst.

Würdest du das mit dieser Zahlenreihe programmierte Wasser zum Beispiel in den nächsten Tagen trinken, würdest du dich auf alle kommenden Situationen deines Alltagslebens programmieren, weil diese Zahlenreihe die Tore zur Systemumprogrammierung öffnet. Wahrscheinlich würdest du dich mit Situationen verbinden und sie einprogrammieren, die deine neuen energetischen Abdrücke bilden würden, was aber vielleicht nicht deiner Absicht entspricht.

Diese Zahlenreihe kannst du in den nächsten Tagen nach deiner Visualisationsarbeit auf Wasser übertragen, wenn du über diese Reihe den Buchstaben »Y« schreibst.

Der Buchstabe Ypsilon harmonisiert alle bestehenden Informationen und überträgt durch seinen Trichter neue Informationen und das Licht der göttlichen Energie. Beim Programmieren dieser Kombination harmonisiert er alle deine energetischen Abdrücke, die du während deiner Inkarnationen hier auf der Erde angesammelt hast.

Zusammen mit dem Buchstaben Y hilft dir diese Reihe sehr bei der Umwandlung deiner gesamten Realität ins Positive und stellt eine unverzichtbare Hilfe für diese Zeit dar, wenn du dich spirituell und bewusstseinsmäßig entwickeln und dich in optimaler Geschwindigkeit den Toren des Goldenen Zeitalters annähern willst.

Du kannst diese Reihe zum Beispiel auf ein Stück Papier schreiben und neben dich legen. Du kannst dich auch auf diese Zahlenreihe stellen. Allerdings für maximal drei Minuten.

Du musst wissen, dass diese Reihe eine sehr starke Wirkung zeigt. Sie wirkt stark transformierend und gleichzeitig sehr harmonisierend. Das bedeutet, dass dein Körper, dein Geist und deine Seele sehr heftig reagieren können. Handle deshalb intuitiv und mit Bedacht.

Diese Zahlenreihe reinigt deine durchlebten Bewusstseinsdimensionen und speichert zugleich neue positive Informationen in neuen Bewusstseinsebenen ab, in die du erst hineinwachsen wirst. Sie verhilft dir zu deiner Vollkommenheit und Makellosigkeit.

Mit dieser Zahlenreihe näherst du dich deiner göttlichen Essenz und deiner Göttlichkeit an.

Weitere Erklärungen zur Zahlenreihe

Die Zahlenreihe **35791** kannst du am Anfang oder am Ende jedes anderen beliebigen Heilprozesses verwenden.

Für deine Vorstellung: Wenn du diese Zahlenkombination laut aussprichst (dabei solltest du sie drei Mal wiederholen), öffnen sich Kanäle aus deinem System zu Dimensionen, die noch der Heilung bedürfen. Man könnte es bildlich mit einem aufgeschlagenen Buch vergleichen.

Zwischen den einzelnen Seiten sind Spalten entstanden – Kanäle, die aus der Mitte des Buches austreten, aus dem Mittelpunkt deines Systems. Nach der Energiearbeit und der Durchleuchtung deines Systems schließt du das Buch wieder, damit keine Fremdenergie in die Spalten – Kanäle – eindringen kann. Das ist nur ein Beispiel für deine Vorstellung. Du kannst dir auch andere Vergleiche schaffen. Es ist allerdings wichtig zu verstehen, dass dank dieser Zahlenreihe während deiner Energiearbeit die Kanäle zu Dimensionen geöffnet sind und dein System sich gerade positiv umprogrammiert.

Zum Abschluss deiner Energiearbeit ist es notwendig, dein System und das System der Person, an der du energetisch arbeitest, wieder zu schließen.

Du kannst dein System am leichtesten umprogrammieren, indem du die Zahlenreihe und das Y auf Wasser überträgst, das du anschließend trinkst. So erhältst du die Möglichkeit, es bezüglich aller Themen deines Seins auf dem Planeten Erde zu harmonisieren.

Die Zahlenreihe mit dem Y, programmiert auf Wasser, kannst du jederzeit verwenden, wenn du das Gefühl hast, dass eine bestimmte Situation oder ein Thema in deinem Leben noch der Harmonisierung bedarf.

Diese Zahlenreihe wird euch in nächster Zeit sehr behilflich sein, und sie wird zu einem unverzichtbaren und wichtigen Helfer bei der Umgestaltung eurer alten Realität zur neuen Realität werden.

Es ist eine Zeit des Neustarts. Mit eurer neuen Realität erzeugt ihr neue, fehlerfreie energetische Abdrücke, die zur neuen Umgestaltung der positiven Zukunft der Menschheit beitragen werden.

Diese Zahlenreihe wird euch durch diese Zeit begleiten, und wir werden euch nach und nach noch weitere Möglichkeiten zur Umgestaltung eurer Realität und zur Heilung eurer aktuellen Gegenwart mitteilen.

In nächster Zeit werdet ihr die Möglichkeit haben, verschiedene energetische Abdrücke mit Hilfe des kosmischen Stoffs *Plasma* in die Realität und in eine wirkliche, endgültige Gestalt zu bringen. Die Ergebnisse eurer Energiearbeit werden nicht nur visuell, sondern auch materiell greifbar sein. (Mehr zum kosmischen Plasma im Kapitel »Technische Möglichkeiten und die Kinder von heute«.) Schritt für Schritt werden wir euch bei der Umgestaltung eurer persönlichen wie auch der menschlichen Realität begleiten.

Ihr sollt wissen: Schon jetzt erzeugt ihr durch die Arbeit an euch selbst riesige Mengen an positiven lichtvollen Energieabdrücken eurer Realität.

Jeder Ort auf der Erde, an dem ihr euch in dieser Inkarnation bisher befandet, hat euren energetischen Abdruck in sich einkodiert. Wenn ihr euch an einem bestimmten Ort zum Beispiel in der Emotion der Trauer aufgehalten habt, haben euer System und dieser Ort euren traurigen Energieabdruck gespeichert. Alle

Abdrücke, die ihr bis heute auf der Erdoberfläche hinterlassen habt, haben eure Vergangenheit gebildet.

Die Seele des Planeten Erde reinigt gerade ihre Erdoberfläche, und dadurch ist es teilweise schon gelungen, negative Abdrücke zu transformieren. Jetzt ist es noch notwendig, dein System vollends zu reinigen und danach die bereits mehrmals erwähnte positive Realität der menschlichen Gemeinschaft zu erschaffen.

Die Zahlenreihe **35791** reinigt deine dritte Bewusstseinsdimension, die du hier gelebt hast, und programmiert die fünfte Bewusstseinsdimension, in der du dich befindest, sowie die siebte und neunte Dimension, in die du durch deine evolutionäre Entwicklung hineinwachsen wirst, auf das Positive. Die Zahl 1 am Ende dieser Zahlenreihe markiert den Abschluss und lässt dich gleichzeitig in göttliche Ebenen aufsteigen.

Nutze das Programmieren dieser Zahlenreihe mit dem Y auf Wasser so oft es dir nur irgend möglich ist, damit du dein System und deine negativen energetischen Abdrücke hier auf der Erde harmonisierst.

Orella spricht

Die Umgestaltung eurer persönlichen Realität wird euch in nächster Zeit sehr oft begleiten, weil die Menschheit eine Unzahl an Situationen geschaffen hat, die notwendigerweise umprogrammiert werden müssen. Wenn ihr mit reinen Absichten und reinem Herzen handelt, beschleunigt sich die Heilung der Menschheit sehr. Euer positives Handeln öffnet räumliche und zeitliche Sequenzen. Man könnte sagen, dass das menschliche Sein und Geschehen auf dem Planeten Erde ein Lebensmosaik geschaffen hat. Dieses Mosaik ist in einzelnen Teilen beweglich, und viele Teile dieses riesigen Mosaiks werden durch neue Teile ersetzt. Die Teile des Mosaiks, die dunkel und chaotisch sind, werden durch euer positives Handeln neutralisiert und durch neue – strahlende und farbige – Teile ersetzt.

Momentan sind die Teile dieses riesigen menschlichen Mosaiks beweglich. Sie bewegen sich in Zeit und Raum, aber wenn die menschliche Gemeinschaft ins Goldene Zeitalter eintritt, werden alle strahlenden und farbigen Teile sich ineinander fügen und ein *Ganzes* eurer neuen positiven Zukunft und Realität bilden.

Wir begleiten euch schon viele Jahre. Früher haben wir nur aus der Entfernung auf euch gewirkt. Wir hatten nicht die Möglichkeit, konkret mit euch zu kommunizieren. Der Kosmische Rat hatte uns nicht die Zustimmung zur direkteren und konkreteren Kommunikation gegeben. Diese Zeit aber bringt uns vermehrte Möglichkeiten zum Kontakt mit euch. Das bereitet uns große Freude. Mit jedem Kontakt zu euch wächst unsere gemeinsame positive Energie.

Die positive Energie, die im Großteil der menschlichen Individuen wächst, ist großartig und erfreulich. Jedes Individuum dieses Planeten erlebt seine persönliche Entwicklung. Jeder in seinem Tempo und jeder nach seinen Möglichkeiten. Auch diejenigen Individuen, bei denen es euch vorkommt, als hätten sie bisher keine globale Energie und keine Informationen erfasst, entwickeln sich in eine positive Richtung. Ihr Geist zeigt der Umgebung noch keine Anzeichen einer positiver Veränderung ihrer Person, aber ihre Seele hat die Lichtimpulse empfangen. Schließlich seid ihr als menschliche Gemeinschaft alle miteinander verbunden. In der physischen wie nicht-physischen Form der menschlichen Zivilisation. Es ist notwendig, sich diese Tatsache bewusst zu machen.

Durch dein Handeln hier auf der Erde beinflusst du auch das Geschehen in der nicht-physischen – lichtvollen – Welt menschlicher Seelen.

Das riesige Mosaik der menschlichen Gemeinschaft schließt auch menschliche Seelen mit ein, die gerade Erleichterung finden und sich in der Phase des Durchleuchtens ihrer Seele in den lichtvollen Dimensionen befinden.

Menschliche Seelen, die sich gerade im Licht befinden, haben – genau wie die physische menschliche Gemeinschaft – die einzigartige Möglichkeit, ein für alle Mal dunkle belastende Felder zu verlassen, die die menschliche Gemeinschaft geschaffen hat.

Erzengel Metatron hat euch große Erleichterung und Hilfe zuteil werden lassen. Seine grenzenlose Kraft und sein Verständnis für eure menschliche Gemeinschaft und den Planeten Erde haben großartige innovative Aktionen gebracht, die die Gemeinschaft auf allen Ebenen ihres Seins heilen. Durch das Löschen der morphogenetischen Felder, die die menschliche Gemeinschaft belastet und ständig negativ beeinflusst haben, könnt ihr zusammen als Gemeinschaft um einige zeitliche und räumliche Sequenzen auf einmal nach oben steigen.

Das ist ein unglaubliches Privileg, das die menschliche Gemeinschaft und die zugehörigen nicht-physischen menschlichen Wesen erleben dürfen. Dieses Privileg wäre durch die göttliche Intelligenz nicht erteilt worden, wenn nicht klar wäre, dass alle negativen Taten, die sich auf dem Planeten abgespielt haben, durch die menschliche Gemeinschaft selbst geschaffen worden sind. Die göttliche Intelligenz hat euch große Hilfe angeboten, und nun hängt es von euch ab, wie ihr mit diesem himmlischen Geschenk umgeht.

Euer Denken und eure Emotionen sollten weiterhin rein bleiben. Das Schlimmste, was ihr in dieser innovativen und revolutionären Zeit des Neustarts machen könntet, ist das Erschaffen neuer negativer Gedankenformen, die neue negative morphogenetische Felder erzeugen würden. Seid euch bitte bewusst, dass euer System befreit ist und es nur von euch abhängt, welche Realität ihr euch nun erschafft. In der Zeit des Neustarts sind verstärkte Gedankenhygiene und das Erschaffen der eigenen neuen positiven Realität notwendig.

Man könnte sagen, dass diese Zeit der Phase des »Projekts Atlantis« ähnelt. Die menschliche Zivilisation, die hier auf der Erde weilte, hat die *Möglichkeit* erhalten, in ihrer natürlichen Reinheit der Gedanken und in einer reinen Existenz zu bleiben. Es ist der menschlichen Rasse aber nicht gelungen, die göttliche Reinheit zu bewahren – sie hat sich leider durch die negativen Mächte und Wesen anstecken lassen.

Die jetzige Situation ähnelt einem weiteren »Projekt für die Menschheit«. Die menschliche Zivilisation steht erneut vor einer äußerst wichtigen Wahl: ob sie zu ihrer Reinheit zurückkehrt oder sich weiterhin durch dunkle Mächte und Wesen infizieren lässt.

Nach der Neutralisation aller von dunklen Mächten geschaffenen morphogenetischen Felder der Akasha-Chronik hat die menschliche Gemeinschaft die Möglichkeit erhalten, zu ihrer Göttlichkeit und zu ihrer Reinheit zurückzukehren. Der Eingriff der göttlichen Intelligenz mit Hilfe von Erzengel Metatron in euer Geschehen war unabdingbar und unvermeidlich – denn die menschliche Zivilisation stand kurz vor ihrem existenziellen Untergang.

Aufruf von Orella

Lasst euch diese riesige Chance nicht entgehen. Macht euch bewusst, dass ihr vor einer Wahl steht, die primär und existenziell ist.

Informiert so viele eurer menschlichen Kollegen wie möglich über diese entscheidende Zeit, die für eure menschliche Entwicklung und menschliche Evolution in ihrer Größe einzigartig ist.

Informiert eure menschlichen Kollegen darüber, dass sie durch ihr Verhalten ihre neue Realität erschaffen.

Informiert sie darüber, dass die menschliche Gemeinschaft energetisch von der dunklen Vergangenheit *befreit* ist!

Informiert sie darüber, dass jeder von euch *befreit* ist! Es genügt, sich jetzt in eine positive Richtung aufzumachen und durch positives Handeln zu seiner positiven Zukunft zu gelangen.

Informiert sie darüber, dass ihre negativen Gedanken gedankliche Brücken zu weiteren negativen Gedanken der menschlichen Gemeinschaft sind.

Informiert sie darüber, dass sie durch das Erschaffen positiver Gedanken die Lichtfrequenz hier auf der Erde nicht nur für sich selbst verstärken, sondern für die gesamte menschliche Gemeinschaft. Für die physische wie auch für die nicht-physische menschliche Gemeinschaft.

Informiert sie darüber, dass die menschliche Gemeinschaft vor der großen Wahl steht, die entscheidend ist für jegliches Sein und für jegliche Existenz der menschlichen Gemeinschaft.

Informiert sie darüber, dass diese Zeit eine Schlüsselzeit ist und alles Positive – Gedanken und Situationen – die Existenzebene der gesamten Menschheit umprogrammiert!

Informiert sie, dass diese Zeit eine größere Verantwortung für das eigene Verhalten mit sich bringt.

Jeder von euch hält die Existenz der Menschheit und des Planeten Erde buchstäblich in Händen und in seiner Verantwortung!

Wir begleiten euch durch diese Zeit und helfen euch. Aber unsere größte Aufgabe ist es, euch eure Verantwortung und die Größe eurer menschlichen Seele ins Gedächtnis zu rufen. Das ist unsere größte Aufgabe. Euch daran zu erinnern, dass ihr selbst eure eigenen Schöpfer seid.

Die größte Belohnung für unsere aktuelle und vergangene Arbeit an der menschlichen Gemeinschaft wird es sein, dass die menschliche Gemeinschaft eigenständig wird und aufhört, unsere Hilfe zu benötigen und energetisch und bewusstseinsmäßig mit unserer und der göttlichen Energie verschmilzt. Dass die menschliche Gemeinschaft auf eine Entwicklungsstufe gelangt, in der sie wieder als Ganzheit funktioniert und positiv mit anderen friedliebenden außerirdischen Zivilisationen verschmilzt. Dass das Mosaik der menschlichen Gemeinschaft ganz, makellos und freudvoll wird.

Wir begleiten euch schon sehr lange, doch diese Zeit hat uns große Freude in unseren Herzen bereitet. Nach unendlich langer Zeit können wir die Ergebnisse unserer Arbeit und die Ergebnisse unseres energetischen Handelns und Denkens beobachten. Endlich beginnen die Ergebnisse unseres gemeinsamen Handelns sichtbar zu sein.

Die positiven Taten und Ergebnisse fangen an, sich ins Bewusstsein der Menschheit und in ihre neuen morphogenetischen Felder zu kodieren. Sie verankern sich in der Matrix des Planeten Erde, und dadurch erhält die menschliche Gemeinschaft Stabilität – bewusstseinsmäßig wie auch rein »irdisch« betrachtet. Der Planet Erde kodiert alles Positive sofort freudig für die nächste Zeit ein, und ihr habt die Möglichkeit, durch euren Aufenthalt in der Natur spirituell und im Bewusstsein zu wachsen, ohne dass ihr aktiv etwas dafür tun müsst. Das irdische und kosmische Wissen ist verbunden, und euer Aufenthalt in der Natur bringt Reinheit und Freude für Seele, Herz und Körper.

Wir sehen auch, wie viele Rettungsaktionen und Ideen für eine bessere Zukunft menschliche Individuen entwickeln. Die erhöhten kosmischen Frequenzen haben ihre Herzen geöffnet und gereinigt, und diese Individuen werden durch ihre Lichtwesen und durch ihr reines Herz zu wunderbaren Taten für ihre eigene Heilung, für die Heilung anderer menschlicher Individuen und für die Heilung der Natur veranlasst.

Diese wunderschöne menschliche »Revolution« für ein besseres Morgen macht uns überaus glücklich. Wir sehen, dass es vielen menschlichen Individuen gelungen ist, jene Menschlichkeit und jenes Herzenslicht in sich zu finden, das für das menschliche Wesen so typisch und unverwechselbar ist. Eine große Anzahl menschlicher Individuen hat sich an ihre göttliche Essenz erinnert.

Die menschlichen Herzen, die bereits leuchten, verbinden sich und erzeugen auf diesem Planeten ein wunderschönes lichtvolles Strahlen aus wunderschönen menschlichen Herzen. Das reine menschliche Herz ist euer schönstes und stärkstes kosmisches Werkzeug. Euer Herz verbindet euch untereinander, es verbindet euch mit uns und mit anderen friedliebenden irdischen und außerirdischen Zivilisationen. Eure reinen Herzen verbinden uns und stimmen uns auf die gemeinsame kosmische Sprache ein. Die Sprache des Friedens, Glücks und Verständnisses.

Eure **Orella**

17

Natürliche Weiblichkeit

In den Lichtbotschaften des letzten Buches sprachen auch die Bewohner des Planeten Venus zu euch. Diese friedliebenden Wesen begleiten euch weiterhin und lassen euch positive Frequenzen für die energetische Heilung weiblicher Wesen, weiblicher Elemente und alles Weiblichen auf diesem Planeten zukommen.

Ihr unablässiges Handeln brachte bereits große positive Veränderungen und Bewusstwerdung über die eigene Kraft vieler Frauen dieses Planeten.

Ganze Jahrtausende lang wurde die weibliche Kraft unterdrückt, und nun ist eine Zeit gekommen, in der es erforderlich ist, der weiblichen Intuition und Energie verstärkt zu helfen, damit eine gesunde Dualität zwischen Frau und Mann eintreten kann. Eine gesunde Dualität und eine gesunde Natürlichkeit. Die weibliche Natürlichkeit und weibliche Energie leiden nach wie vor und erleben noch nicht ihre volle, absolute Göttlichkeit, die ihnen von Gott gegeben sind. Schmerzhafte Erfahrungen, die Millionen von Frauen auf diesem Planeten gemacht haben und immer noch machen, haben eine Unzahl an energetischen Blockaden in den Systemen des weiblichen Körpers erzeugt.

Der weibliche Körper, der im göttlichen Licht und in der göttlichen Zeit entstanden ist, wurde zur Vollkommenheit geschaffen. Zur Vollkommenheit und zur vollen Funktion. Der weibliche Körper ist unglaublich widerstandsfähig. Er ist anpassungsfähig und fähig zur Reproduktion. Der weibliche Körper hat eine große Fähigkeit zur Regeneration.

Was aber jedem weiblichen Körper und seinem gesamten energetischen System immer noch schadet, sind energetische Blockaden, die die menschliche weibliche Population auf diesem Planeten massenweise angehäuft hat.

Alle Frauen dieses Planeten – *alle Frauen* – sind untereinander durch ihr kollektives weibliches Bewusstsein verbunden. (Genau so, wie auch Männer durch das männliche kollektive Bewusstsein untereinander verbunden sind.)

Jede einzelne Frau, ohne Ausnahme, trägt das kollektive weibliche Bewusstsein in sich und ist daran angebunden. (Weitere Arten des kollektiven Bewusstseins, die dem planetarischen weiblichen Bewusstsein energetisch sozusagen untergeordnet sind, existieren zwischen Frauen in bestimmten Nationalitäten, Staaten und Gebieten. Zum Beispiel bei afrikanischen Stämmen, bei Völkern bestimmter Staaten oder beispielsweise bei Frauen des slawischen Kulturraums.)

Aber das kollektive planetarische weibliche Bewusstsein trägt jedes weibliche Wesen in sich.

Unabhängig davon, wo es lebt.

Euer kollektives planetarisches weibliches Bewusstsein ist im Sakralchakra des weiblichen Körpers abgelegt. Das Sakralchakra verbindet alle Frauen dieses Planeten. Über dieses Chakra kommunizieren alle Frauen dieses Planeten energetisch und übermitteln unterbewusst Impulse und Intuition. Alle Frauen dieses Planeten sind durch ihr Sakralchakra miteinander verbunden, und es ist wichtig, sich dieser essenziellen Tatsache bewusst zu werden. Je reiner und strahlender das Sakralchakra ist, desto reiner und strahlender sind die Weiblichkeit der Frau und ihre gesamte Vitalität.

Das Sakralchakra verbindet alle Frauen. Zwischen den Frauen existiert ein überaus starkes Energieband, das alle Frauen miteinander in Bezug setzt. In manchen Völkern ist dieses Band schon ziemlich durchleuchtet, in anderen noch trüb und nahezu undurchlässig, ja geradezu zäh und unbeweglich, als würde es die Frauen aneinander ketten und ihnen keine lichtvolle Freiheit gewähren. Die Frauen sind dort durch eine sehr dunkle Energie miteinander verbunden. Das Band, das alle Frauen der ganzen Welt verbindet, sollte jedoch leicht, ätherisch, durchlässig sein und eine silbrig-lila Farbe haben. Es sollte alle Frauen durch eine wunderbar leichte, verspielte und natürliche Energie verbinden.

Es sollte alle Frauen verbinden, damit allen geholfen wird und die Frauen energetisch miteinander kommunizieren und hier auf der Erde freudvoll leben können.

Falls du dich in einem weiblichen Körper befindest, konzentriere dich auf die Reinigung deines Sakralchakras.

Durch die Reinigung des Sakralchakras hilfst du nicht nur dir, sondern auch weiteren Frauen dieses Planeten!

Durch deine Heilung dieses Chakras überträgst du heilende Informationen auf andere Frauen in deiner Familie und in deiner Umgebung, und diese übertragen ihre natürliche Gesundheit wieder auf andere Frauen dieses riesigen Bundes!

Es ist notwendig, *allen* Frauen zu helfen, damit die weibliche Natürlichkeit auf diesen Planeten zurückkehrt.

Die weibliche natürliche Kraft, die Trägerin des Lebens ist, muss erweckt und wiederbelebt werden. Und das betrifft nicht nur euch Frauen. Durch das Heilen weiblicher Komponenten heilt auch

Gaia, die Seele eures Planeten. Alles Negative, das sich in die Erde einkodiert hat, wird schneller von der Erde transformiert. All das Leid, Versklaven und gewalttätige Verhalten, das den weiblichen Körpern angetan wurde, wird in Licht transformiert.

Es existieren Völker, die ihr Wissen direkt in den Boden der Erde einkodieren. Die Erde überträgt dieses Wissen über ihre Matrix auf weitere Bereiche dieses Planeten.

Es existieren aber auch Völker, die ihr negatives und destruktives Wissen in die Erde kodieren, um die Macht und Energie auf diesem Planeten an sich zu reißen. Ja, in den Boden der Erde sind energetische Informationen einkodiert worden, die die Frauen nicht frei sein lassen. Durch diese energetischen Informationen wurden sie in bestimmten Gebieten dieser Erdkugel zu ewiger Unterwürfigkeit, Versklavung und Abhängigkeit verurteilt. Der Boden, auf dem sich die Frauen in diesen Gebieten bewegen, übergibt immerzu fehlerhafte Informationen aus der Erdmatrix an das Energiesystem der Frauen, und diese Frauen haben nicht die Kraft, sich aus diesem Kreislauf zu befreien. Wiederholte Rituale, die für die Kodierung von Informationen in die Erdmatrix durchgeführt wurden, sind in diesem Fall immer noch sehr machtvoll und anhaltend wirksam.

Durch euer kollektives Bewusstsein, das euch Frauen alle miteinander verbindet, könnt ihr Schritt für Schritt diese Belastung heilen und Frauen, die in ihrem irdischen Leben gewissermaßen gefangen sind, helfen.

In erster Linie geht es jedoch um *dich*. Es geht um *deine* Heilung von der fehlerhaften Matrix. Es geht um *deine* persönliche Heilung und um die Durchleuchtung *deines* Sakralchakras und *deines* Systems. Wenn du bei *dir* beginnst, hilfst du damit anderen weiblichen Wesen dieses Planeten. Durch die Reinigung deines Sakralchakras reinigst du große Mengen deiner Lebenssituationen, die mit deiner Weiblichkeit und allen sonstigen Zusammenhängen verbunden sind. Durch den energetischen Ausgleich deiner natürlichen Weiblichkeit gleichst du natürliche Komponenten aus, die du für eine glückliche und natürliche Partnerschaft brauchst.

Möglicherweise hast du Probleme, den richtigen Partner zu finden, oder du bist mit deinem derzeitigen Partner einfach nicht glücklich. Und zwar vorwiegend deshalb, weil deine natürliche weibliche Kraft durch das kollektive weibliche Bewusstsein geschwächt wurde.

Die natürliche Balance zwischen dir und deinem Partner wurde gestört. Je mehr du dich deiner natürlichen Kraft und Weiblichkeit und deiner verlorenen weiblichen Energie näherst, desto stabiler wird deine Partnerschaft wieder werden. Die weibliche Kraft und Energie sind Trägerinnen des Lebens und der Natürlichkeit. Auch wenn eine Partnerschaft von Mann und Frau gebildet wird, stellt gerade die Frau diese natürliche Komponente dar, die an die kosmische Kraft des Lebens angebunden ist. Die Frau gleicht auf natürliche Weise die Systeme der Partnerschaft aus. Die Frau trägt die bedingungslose kosmische Liebe des Lebens in sich, und ihre Liebe und Stabilität erhält die Natürlichkeit und den optimalen Zustand der Partnerschaft aufrecht.

Wenn die natürliche Weiblichkeit zur Verfügung steht, gibt der Mann der Frau seine natürliche Kraft und seinen Schutz. Dadurch gleichen sich die Energien aus und kommen in die kosmische natürliche Balance. Die Sexualenergie, die in einer natürlichen und gesunden Beziehung zwischen Frau und Mann entsteht, gibt beiden Partnern die Möglichkeit der Anbindung an die kosmische Kraft, die uns alle ernährt. Die Sexualenergie, die mit der bedingungslosen Liebe beider Partner verbunden ist, lässt beide Partner sich an die göttliche Energie der Entstehung allen Seins anbinden. Die Sexualenergie öffnet gemeinsame Dimensionen beider Partner, die die Partner mit der göttlichen Energie verschmelzen lassen. Mit der Energie, in der die Partner ihre natürliche und unendliche Kraft sammeln können. Mit der Energie, in der Zeit und Raum keine Rolle spielen. Es gibt hier lediglich bedingungslose Liebe sowie die Energie des Geschehens und der Geburt des Lebens.

Die Liebe beider Partner eröffnet unendliche Möglichkeiten. Die Liebe der Partner stellt Stabilität und eine schützende Sphäre vor den Negativitäten dieser Zeit und vor negativen Wesen dar. Die Liebe zwischen den Partnern bestärkt alle Ebenen ihres Seins. Sie bestärkt ihre Natürlichkeit, Stabilität, Gesundheit und die Leichtigkeit dieser Inkarnation.

Die folgende Übung ist vor allem für Frauen gedacht. Aber auch als Mann kannst du bei dieser energetischen Arbeit helfen. Sei bei dieser energetischen Arbeit anwesend. Dadurch heilst du die weiblichen Teile in deinem System aus Inkarnationen, in denen du dich als Frau hier auf der Erde befandest. Letztlich seid ihr alle miteinander verbunden.

Übung

Setze oder lege dich hin und atme tief.
Sei bereit, deine weiblichen Elemente zu heilen und zu deiner natürlichen Weiblichkeit zurückzukehren.
Lege deine Hände auf dein Sakralchakra.
Durchleuchte dieses Chakra mit silberviolettem Licht.

Wenn du möchtest, verbinde dich mit den Wesen der Venus und mit allen Lichtwesen, die dir bei deiner Heilung helfen können. Verbinde dich auch mit uns, wenn du möchtest.

Sprich:

»Ich vergebe allen menschlichen Wesen, menschlichen Seelen und allen Wesen, die mich in meiner natürlichen Weiblichkeit verletzt haben.

Vergebt auch ihr mir, falls ich jemanden von euch verletzt habe. Ich vergebe mir. Durch meine Vergebung befreie ich uns alle.

Ich trenne mich hiermit von allen negativen Verbindungen, negativen Energien und negativen Wesen, die mich negativ beeinflussen. Ich trenne mich kraft meiner reinen Absicht und kraft meines reinen Herzens. Alles Negative geht, nur Liebe bleibt.

Mein Sakralchakra ist rein, klar und gefüllt mit dem lilasilbernen Licht der göttlichen spirituellen Heilung.

Mein Sakralchakra gibt sein Licht an weitere Frauen meiner irdischen Familie und an weitere Frauen in meiner Umgebung weiter.

Mein Sakralchakra übergibt sein Licht an alle weibliche Seelen, die sich im Licht befinden und zu meiner Verwandtschaft gehören. Ich durchleuchte mit dem Licht meines Sakralchakras alle meine Verwandtschaftslinien, die sich im Licht aufhalten.

Das Licht meines Sakralchakras befreit alle Frauen meiner irdischen Familie, die Frauen in meiner Umgebung und alle Frauen meiner Familie im Licht.

Ich segne meinen Körper, ich segne meine Seele und ich segne meinen Geist.

Ich segne meine Weiblichkeit.
Ich segne alle Frauen meiner irdischen Familie.
Ich segne alle Frauen in meiner Umgebung.
Ich segne alle weiblichen Seelen meiner Familie im Licht.
Ich segne alle Frauen dieses Planeten.
Ich segne weibliche Kinder und ich segne männliche Kinder.
Ich segne alle Männer dieses Planeten.
Ich segne die Seele des Planeten Erde, Gaia.
Ich segne den Frieden und das Glück in den Herzen sämtlicher Wesen dieses Planeten.
Danke. Danke. Danke.«

18

Technische Möglichkeiten und die Kinder von heute

Das, was sich gerade auf der Erde abspielt, wird von den Bewohnern anderer Planeten beobachtet. Sie beobachten dieses Geschehen und kommen damit gar nicht hinterher.

So viel Positives und Revolutionäres geschieht momentan!

Die Bewohner ganzer Planetensysteme werden über die positiven Fortschritte auf dem Planeten Erde informiert. Sie beobachten sie häufig in »Live-Übertragungen«.

Ob ihr es glaubt oder nicht, diese Übertragungen werden entweder telepathisch oder visuell statt über Bildschirme vorgenommen, die vergleichbar mit euren Fernsehern sind. Sie funktionieren aber nach einem anderen Prinzip.

Die aktuellen Informationen werden mit (von Plasma angetriebener) Lichtenergie übertragen, die Informationen der kosmischen Intelligenz empfängt.

Die Informationen, die zu den Bewohnern anderer Planeten gelangen, sind zu hundert Prozent wahr und unverändert, weil die lichtvolle kosmische Intelligenz Ereignisse aufzeichnet, von denen sie kraft ihrer Gegenwart an gewissen Stellen des Universums Abdrücke macht und die sie dann augenblicklich auf die Bildschirme bestimmter Planeten überträgt. Die Bewohner anderer Planeten, die die Nachrichten von der umgebenden Welt verfolgen, bekommen absolut aktuelle, nacheinander geordnete energetische Abdrücke der Situationen, die gerade passieren, zu sehen – oder sie nehmen sie wahr (nicht alle außerirdischen Zivilisationen nehmen die Welt mit einem Sehsinn wahr). Die Informationen sind daher real. Niemand kann sie manipulieren. Die Übertragung der Informationen wird von der kosmischen Intelligenz gewährleistet.

Die lichtvolle kosmische Intelligenz bewegt sich mit größerer Geschwindigkeit als Licht, und deshalb sind die Informationen auch bis auf einige Sekundenbruchteile absolut aktuell.

Die meisten außerirdischen Zivilisationen verwenden für die Übertragung von Informationen keine Geräte wie etwa Satelliten. Sie nutzen die Intelligenz der kosmischen Frequenzen und die unendlichen Möglichkeiten bestimmter physikalischer Stoffe, wie zum Beispiel Plasma.

Plasma stellt für die Menschheit ein Riesenangebot und eine Riesenchance dar. Durch die Verwendung von Plasma wird die Menschheit bei der Nutzung herkömmlicher Rohstoffe, deren sich die Menschheit bisher bedient, entlastet. Kraftstoffe und elektrischer Strom könnten in ihren unendlichen Möglichkeiten durch Plasma ersetzt werden.

Plasma ist ein Stoff, den es im gesamten Universum gibt. Es ist eigentlich das, woraus das Leben entstand. Es ist ein Stoff, der überall vorhanden ist. Es umgibt die Materie, damit sie »zusammenhält«, und gleichzeitig befindet es sich in Räumen des Universums, wo es der menschlichen Wahrnehmung vorkommt, als sei dort »nichts«. Es ist die ursprünglichste Essenz von allem. Man kann es vervielfältigen, und man kann es vergrößern. Man kann es auch verkleinern – komprimieren. Es ist die intelligenteste Form des Universums, die wir kennen, da sie unendliche Möglichkeiten hat.

Wenn du Plasma mit reinsten Absichten verwendest, hilft es dir bei der Materialisation von Gegenständen und bei der Realisierung bestimmter Situationen. Die Nutzung von Plasma ermöglicht uns die modernste Medizin, weil es uns dank dessen gelingt, die körperliche Materie zur Vollkommenheit zurückzuführen. Mit Hilfe dieser modernen Medizin können wir die Reproduktion beschädigter Organe oder auch die Reproduktion von Zellen leisten. (Dank der energetischen Abdrücke bestimmter Organe oder Zellen.) Plasma durchdringt die körperliche Materie wie auch die reinste Essenz der Seele. Unser erhöhtes Bewusstsein und unsere Anbindung an kosmische Frequenzen bieten uns die Möglichkeit der Dematerialisation körperlicher Materie und der Verschmelzung mit Raum und Zeit. Dazu nutzen wir die Gesetzmäßigkeiten von Plasma, das in der Lage ist, unseren Körper in die ursprüngliche Gestalt und Struktur zu bringen. Es ist eine absolut intelligente Form.

Wenn wir von den unendlichen Möglichkeiten der göttlichen Intelligenz sprechen, meinen wir genau diesen Stoff, der die Realisierung aller Wünsche ermöglicht. *Plasma ist die ursprüngliche und erste Form eures Gedankens, den ihr in den Äther aussendet, damit euer Wunsch wahr werden kann. Plasma bringt euren Wunsch in eine reale Form.*

Es ist aber notwendig, dabei mit reinsten Absichten und mit reinsten Gedanken- und Emotionsfrequenzen zu arbeiten. Die Materie des Plasma kann sich nämlich »verselbstständigen« und zu einer Gestalt formen, welche die ursprüngliche Essenz des Wesens, das damit arbeitet, kopiert und annimmt.

Das Wissen über den Nutzen von Plasma wird der menschlichen Gemeinschaft gänzlich zugänglich gemacht, wenn die Menschheit bereit dafür ist. Der Großteil der Informationen befindet sich noch unter dem Deckel atlantischen Wissens.

Forschungen über Plasma gibt es auf der Erde schon viele Jahrzehnte lang. Bisher wurden die gewonnenen Erkenntnisse allerdings missbraucht oder nicht bis zu einem erfolgreichen Ende geführt. Wie gesagt, der Menschheit fehlen noch die letzten Informationen aus dem Wissen von Atlantis.

Dennoch: Es ist der Menschheit bereits gelungen, in gewissem Ausmaß mit Plasma zu arbeiten. Seine absolut globalen, universellen Möglichkeiten kann sie noch nicht nutzen, weil dieser Stoff mehr als intelligent ist und sich nicht durch Menschen, Geräte oder Frequenzen »binden« lässt, wenn sich hinter bestimmten Forschungen unreine Absichten verbergen. Ja, dieser Stoff hat seine eigene Intelligenz, und solange sich die Menschheit nicht auf einer bestimmten Entwicklungsstufe befindet, wird sie diese Intelligenz nicht voll nutzen können.

Aber diese Entwicklungsstufe werdet ihr erreichen …

Auf diesem Weg unterstützen wir alle Bewohner des Planeten Erde, die mit ihrer Forschung der Entwicklung der Menschheit helfen und auf diese Weise den Planeten Erde und seine Natur entlasten.

Wir unterstützen alle Bewohner, die dabei helfen, neue Möglichkeiten für Kraftstoffe oder Elektrizität zu finden.

Wir unterstützen absolut alle und denken, dass sie unsere Anwesenheit fühlen.

Beim Erreichen dieser Entwicklungsstufe wird euch die Generation eurer Kinder besonders hilfreich sein. Diese Kinder, die neue menschliche Generation, trägt Gedanken und innovative Einfälle in sich. Sie sind an die kosmische Intelligenz angebunden und damit an ihre positiven Gesetze. Die meisten dieser Kinder sind mit einer genau durchdachten Aufgabe auf die Erde gekommen – der Rettung und Hilfe für den Planeten und Beiträgen neuer technischer Errungenschaften für die Menschheit.

In euren Kindern verbergen sich Möglichkeiten, die euch bisher nicht ganz klar sind oder euch bislang unsichtbar waren. Alle Kinder dieses Planeten sind miteinander verbunden und werden untereinander durch die kosmische Intelligenz informiert. Viele Kinder, die ihre Aufgabe in sich tragen, werden im richtigen Augenblick und zur richtigen Zeit auf ihre Aufgabe aufmerksam gemacht. Sie werden an ihre Aufgabe erinnert.

Die vergangene Zeit, die in der Bewusstseinsentwicklung sehr langwierig war, ist nicht vergleichbar mit der jetzigen und der Zeit, welche die Menschheit erwartet.

Eure Kinder, die das Wissen des Kosmos in sich tragen, werden schon sehr bald eine »lichtvolle, positive Bewusstseinsrevolution« erschaffen. Sie helfen euch, viele komplizierte Situationen zu lösen, wie etwa den Aufbau neuer Systeme.

Die Systeme, die langsam aber sicher zusammenbrechen, erhalten eine neue Form und neue Möglichkeiten. Die finanziellen, politischen und pharmazeutischen Systeme werden mit der Zeit und mit der sicheren Unterstützung der neuen Generationen von Kindern in funktionierende und für alle Menschen *vorteilhafte* Systeme umgewandelt. Ihr werdet sehr bald sehen, dass junge Menschen die Verantwortung in verschiedensten Bereichen des Weltgeschehens übernehmen, da die junge Generation das Wissen der kosmischen Intelligenz in sich trägt.

Jahrelange berufliche Erfahrungen, die jetzige Firmen ihren neuen Angestellten abverlangen, werden nicht mehr notwendig sein, weil viele Kinder direkt mit der kosmischen Intelligenz verbunden sind und Informationen ganz unmittelbar von der Quelle und von ihrem Höheren Ich erhalten. Einfälle, Intuition und Innovation gelangen augenblicklich und in höchster Reinheit zu ihnen.

Wir haben große Hoffnungen in die neuen Generationen und schätzen sie sehr. Es freut uns, dass neue Generationen ihre Anbindung an die kosmische Welt, in der Gerechtigkeit und Reinheit herrschen, spüren. Viele junge Menschen schaffen es schon heute, in dieser Zeit, Situationen genau einzuschätzen, und sind in der Lage zu erfühlen, welches Verhalten in bestimmten Situationen angebracht ist. Sie fühlen sehr gut, was einzelne Individuen der vorherigen Generation immer noch falsch machen. Sie verstehen, wie schlecht das ständige Urteilen über andere ist. Sie verstehen, dass es notwendig ist, sich selbst wertzuschätzen und die Selbstliebe in sich zu finden. Sich selbst wertzuschätzen, die eigenen Ansichten wertzuschätzen und sich nicht von anderen negativ beeinflussen zu lassen.

Die jetzige junge Generation sieht sich keiner einfachen Situation gegenüber, weil sie sich genau im Umbruch von der »alten« Zeit in die »neue« Zeit befindet. Der neuen Generation ist vollkommen bewusst, was in der alten Generation schief gelaufen ist, und trotzdem muss sie die alte Generation nach den gesellschaftlichen Regeln ehren.

Die alte Generation fordert immer noch absolute Hochachtung von jungen Menschen. Wir müssen anmerken, dass die junge Generation in gewissen Situationen wirklich keine leichte Aufgabe hat, denn sie befindet sich genau zwischen diesen zwei Zeiten und zwei unterschiedlichen gesellschaftlichen Standpunkten. Die ältere Generation, die wir immerzu darum bitten, ihren Geist umzuprogrammieren, akzeptiert manchmal nur sehr schwer die neuzeitigen Ansichten der neuen Generation und versucht, die neue Generation zu den alten gesellschaftlichen Regeln zurückzubringen.

Wir rufen die jetzige Generation zu erhöhtem Verständnis für eure Kinder auf, die sich auf diesem Planeten erst festigen und die neuen gesellschaftlichen und energetischen Normen der Neuen Zeit finden müssen. Eure Kinder erzeugen gerade neue Formen und neue Regeln für die positive Zukunft der Menschheit. Eure Kinder stoßen immer noch auf veraltete Regeln des Schulwesens und auf alte Schulsysteme. Eure Kinder haben alle Lügen der Menschheitsgeschichte und der menschlichen Evolution bereits »durchschaut«. Gleichzeitig müssen sie diese alten

Regeln und alten Normen des Lehrens aber achten und sie immer noch lernen. Das bringt diese Kinder in einen großen geistigen Zwiespalt. Dasselbe gilt auch für Kinder, die bewusstseinsmäßig noch im »alten« System leben, weil sie über ihr kollektives Bewusstsein miteinander verbunden sind.

Eure Kinder haben die politischen und juristischen negativen gesellschaftlichen Tricks der veralteten menschlichen Gesellschaft »durchschaut«. Sie verstehen, dass jeder sein eigener Schöpfer und sein eigener Richter ist.

Die Gedankenprozesse, die in der alten Gesellschaft immer noch zutage treten, werden vor allem durch die junge Generation transformiert, da die neue Generation sich nicht mit den alten Frequenzen der dritten Bewusstseinsebene verbinden möchte und wird.

Die neue Generation der Kinder ist an die wunderschöne rosa-goldene Farbe der bedingungslosen Liebe des Universums angebunden, und alle Kinder werden alle dunklen Farben und Muster loswerden wollen. Habt mit euren Kindern deshalb bitte Nachsicht und habt für sie Verständnis, wenn sie sich unausgeglichen, weinerlich oder gar unnatürlich verhalten, da sie auch eure Probleme von sich abschütteln, eure veralteten Gedankenformen und Frequenzen. Vor allem eure ältere Generation war an die morphogenetischen Felder der dunklen Vergangenheit angebunden. Eure Kinder bewegen sich aber in anderen Frequenzen und möchten mit dunklen Elementen nichts zu tun haben.

Wenn wir die menschliche Gemeinschaft von unserem Standpunkt aus beobachten, sehen wir, dass sich zwischen der jetzigen und der jungen Generation ein energetischer Spalt gebildet hat. Als würde sich zwischen diesen Generationen eine energetische Leere befinden, die dem Übergang und der Transformation aller Negativitäten beider Generationen dient. Es ist ein Raum, der auch der Erschaffung neuer Gedankenformen dient. Man könnte sagen, dass es ein neutraler Raum ist, in dem beide Formen der Transformation und die Formen der Erschaffung einer neuen Zukunft geschehen können.

Dieses energetische neutrale Territorium ist da, damit die neue Generation nicht immerzu von den veralteten Mustern angefallen wird und damit die neue Generation ihren energetischen Raum für die Erschaffung der neuen Zukunft bekommt. Der Raum zwischen diesen zwei Generationen schützt die Entwicklung und die Essenz der jungen Generation.

Die Entwicklung der nächsten Jahre wird sehr schnell ablaufen. Überraschend schnell. Veraltete Gedankenformen transformieren sich mit hoher Geschwindigkeit, weil die durch die dunklen Mächte geschaffenen negativen morphogenetischen Felder nicht mehr existieren.

Die durch die menschliche Gemeinschaft erzeugten morphogenetischen Felder, die sie selbst durch ihre negativen Absichten und durch ihr persönliches negatives Denken geschaffen hat, existieren zwar noch, sind aber längst nicht so riesig, wie es die durch die dunklen Mächte erschaffenen Felder waren. Die Berichtigung des menschlichen negativen Verhaltens wird ziemlich schnell erfolgen.

Die morphogenetischen Felder, die durch die dunklen Mächte erzeugt worden sind, waren mit weiteren morphogenetischen Feldern verbunden, die Informationen der bedauernswerten Bewohner anderer Planeten enthielten, welche ebenfalls von dunklen Mächten besetzt und unterdrückt wurden. Dadurch waren diese morphogenetischen Felder auch mit anderen Planetensystemen verbunden.

Die menschlichen negativen morphogenetischen Felder, die nur durch menschliche Wesen erzeugt worden sind, befinden sich um euren Planeten herum und in der Akasha-Chronik. Sie haben nicht ein solch interplanetarisches Ausmaß wie die durch die dunklen Wesen erschaffenen Felder.

Versteht ihr diese andere Qualität? Jetzt geht es um eure menschliche Gedankenbereinigung.

Die energetische Gedankenbereinigung wird sich unseren Berechnungen zufolge in den nächsten fünfzehn bis zwanzig Jahren verwirklichen. Mit dem Einstieg ins Goldene Zeitalter wird ein großer Teil der Menschen bereits transformiert sein. Wie gesagt, alles bewegt sich in sehr hohem Tempo. Das, was Jahre lang negativ stabil und statisch war, kommt in Bewegung und wandelt sich um in Licht. Die junge Generation hilft euch dabei sehr und breitet mit ihrer Anwesenheit die erhöhte Lichtfrequenz hier auf der Erde aus.

Wir danken euch allen! Ihr, die ihr gerade diese Zeilen lest, gehört zu den Menschen, die zur Umwandlung der alten Systeme in neue Systeme beitragen. Es ist egal, in welchem Bereich sich eure persönliche Umwandlung gerade vollzieht. Durch euer Handeln und Sein hier auf der Erde helft ihr bei der gesamten Umwandlung.

Es ist egal, ob ihr zur älteren oder zur jungen Generation gehört, mit eurem Tun und Sein heilt ihr alle Generationen der menschlichen Gemeinschaft – die physischen Generationen wie auch die Generationen in der Lichtwelt.

Wir schätzen absolut jeden Menschen, der zur Heilung der Menschheit beiträgt. Ganz egal, wie viele es sind, und ganz egal, in welchem Bereich.

Schon eure Bewusstwerdung, dass euer Planet und die menschliche Gemeinschaft Hilfe und Innovation benötigen, zieht weitere Lichtimpulse und Lichtfrequenzen zu eurer Erde und zu eurer menschlichen Gemeinschaft. Eure reine Absicht, die Situation zum Positiven zu verändern, sei es die globale oder die persönliche Situation, zieht große lichtvolle Hilfe an und bringt euch eine vermehrte Anzahl an Lichtwesen, die euch in eurer Absicht und in eurem weiteren Handeln helfen werden.

Die Lichtwesen verbinden sich mit weiteren Lichtwesen und Lichtfrequenzen, und damit verstärken sich euer persönliches Licht und eure persönliche Realität. Eure Realität durchleuchtet weitere Realitäten weiterer Einzelwesen, mit denen ihr in Kontakt steht. Eure helle Realität eröffnet weitere positive Möglichkeiten, nicht nur euch, sondern auch weiteren Menschen, die ihre Möglichkeiten noch suchen oder auf ihrem ganz persönlichen Weg der Suche sind.

Eure durchstrahlte Realität ist wie euer persönliches Universum. Ihr findet in ihr alle Räume, Zeiten, Farben und Möglichkeiten, die ihr braucht. Ihr findet dadurch euer Universum in eurem Herzen, das sich an das Gesamtgeschehen von allem anbindet.

In eurem Herzen befindet sich euer persönliches und das gesamte unendliche Universum allen Geschehens. Euer reines Herz beschert euch alle unendlichen Möglichkeiten des unendlichen Universums. Durch euer reines Herz seid ihr mit eurer eigenen hellen Realität und mit der hellen Realität des euch umgebenden Geschehens verbunden. Euer reines Herz verbindet sich und lässt alle Universen eures Seins in seinem Licht verschmelzen.

Das menschliche Wesen ist wunderschön in seiner persönlichen Herzensgröße. Das menschliche Herz ist das Schönste, was ihr in euch tragen könnt. Das menschliche Herz bestimmt die Intensität und Liebe eurer Person, es bestimmt die Anbindung an die kosmischen Gesetze und deren Liebe. Das menschliche Herz ist das, was euch menschlich macht. Voller Liebe und Verständnis. Eure Herzenskraft und die Schönheit eures Herzens erhöhen sich immer mehr.

Die menschliche Schönheit kehrt zurück und schenkt euch unser aller unendliche Bewunderung.

Die menschliche Schönheit und die Schönheit des menschlichen Herzens kehren zurück.

Bleibt in eurem Durchhaltevermögen und verliert das Vertrauen in euer Tun nicht und verliert nicht euer Vertrauen in das, was sich auf der Erde momentan abspielt. Vertraut darauf, dass alles, was passiert, zum Wohle aller und von allem ist. Euer Herz und eure Intuition werden euch das bestätigen. Vertraut eurem Herzen und bleibt in eurem positiven Handeln und in eurem Durchhaltevermögen. Euer Tun und euer Vertrauen werden durch die kosmische Gerechtigkeit belohnt.

Ihr seid Kinder des Kosmos!

Ihr seid Lichter, die sich in ihrem Strahlen und in ihrem Wissen ausdehnen. Euer lichtvolles Strahlen wächst, und euer Wissen verbindet sich mit der kosmischen Bibliothek eures Wissens. Ihr seid wie funkelnde Sterne am Himmel. Sterne sind stabile Punkte des Kosmos, denen ihr ähnelt.

Mit eurem Glanz und eurem Strahlen zieht ihr die reinsten Frequenzen des Universums in euer Sein.

Werdet zu eurem eigenen Universum. Tragt euer Universum in eurem Herzen und tragt euer Universum um euch herum. Ein Universum aller Möglichkeiten, Farben, Lichter und des Glücks.

Frieden begleitet euch genau so durch diese Zeit, wie wir euch begleiten. Friedliebend und liebevoll.

Wir begleiten euch und schicken eurem eigenen, persönlichen Universum Frieden und Glück. Wir füllen euer Herz mit Frieden und Gelassenheit.

Wir tragen euch in unseren Herzen.

Frieden mit euch.
Frieden mit uns.

19

Energetische Reinigung eures Zuhauses

Wir sind euch unbeschreiblich dankbar dafür, dass ihr unsere Ratschläge befolgt und Schritt für Schritt eurer strahlenden Zukunft entgegenschreitet. Eure Zukunft, die sich zum Positiven hinbewegt, wird neue Erkenntnisse und neue Erfahrungen, die ihr bislang nicht entdecken konntet, mit sich bringen.

Wir danken euch auch dafür, dass ihr die Übungen, die wir euch zur Verfügung gestellt haben, immer wieder durchgeführt habt. Übungen zur energetischen Reinigung eurer Seele, eures Geistes und Körpers. Ihr habt damit an der Heilung der Natur und eures Planeten gearbeitet.

Wir halten es zudem für absolut notwendig, dass ihr euer Zuhause reinigt. Wenn ihr nämlich alle Bereiche eures Systems reinigt, euer Zuhause sich aber nicht in energetischer Ordnung befindet, werden eure psychische und körperliche Gesundheit nicht lange andauern.

Wir setzen voraus, dass wir niemandem von euch erklären müssen, welch katastrophale Auswirkungen elektronische und elektrische Strahlung auf euren Körper und auf euer gesamtes energetisches System hat.

Wir setzen voraus, dass euch allen mehr als klar ist, dass ein vor Elektrosmog geschütztes Zuhause die Grundlage darstellt. Versucht, mit allen möglichen Hilfsmitteln, die ihr auf dem heutigen Markt zur Verfügung habt, euer Zuhause und seine Umgebung so gut wie möglich zu harmonisieren.

Macht euch bewusst, dass auch eure Wände, der Fußboden und Möbel elektrische Strahlung aufnehmen. Versucht, euer Zuhause so gut wie möglich zu harmonisieren und die Frequenz elektrischer Wellen in eurem Zuhause zu senken. Schützt eure Körper vor der Strahlung von Computern und Handys. Schützt vor allem Kinder, denn sie sind noch im Wachstum und in der Entwicklung. Kinder bis ungefähr sechs, sieben Jahren sind noch besonders an die Welt der Lichtfrequenzen und an die Frquenzen der natürlichen kosmischen Ordnung angebunden, und Kinder reagieren auf Frequenzen der »Unordnung« besonders stark. Das Alter bis etwa sieben Jahren ist entscheidend dafür, wie sich die Gesundheit und Entwicklung des Kindes in Zukunft abspielen wird.

Vergesst die Tiere, die in eurem Haushalt leben, nicht. Viele eurer tierischen Lieblinge nehmen die Schwingungen der elektrischen und elektronischen Geräte nicht nur wahr, die meisten von ihnen hören sie sogar. Häufig hat nervöses Verhalten von Tieren hier seine Ursache.

Von Zeit zu Zeit hattet ihr sicher das Gefühl, dass euer Zuhause eine schlechte Energie hat. Vielleicht hattet ihr Besuch, der die Energie eures Zuhauses negativ belastet hat, oder ihr habt irgendeine schlechte Energie von draußen mit nach Hause gebracht. Vielleicht hattet ihr zuhause einen Streit, und ihr fühlt geladene Energie in eurem Zuhause. (Häuser, die sehr stark mit Elektrosmog belastet sind, sind anfälliger für die Aufnahme und das Festsetzen negativer, schlechter Energien, weil die elektrische Strahlung die Energie des Hauses schwächt. Sie schwächt auch eure Gesamtenergie.)

Für den Fall, dass ihr das Gefühl habt, dass bei euch zuhause negative Energie herrscht, geht die ganze Wohnung durch, Raum für Raum, Ecke für Ecke und reinigt euer Zuhause mit Kräuteressenzen. Für eine starke Reinigung sind weißer Salbei oder Mistel geeignet. Öffnet nach der Ausräucherung eurer Wohnung oder eures Hauses Fenster und Türen, damit die schlechte Energie gehen kann. Vergesst nicht, auch Kellerräume und den Speicher auszuräuchern, wo sich schlechte Energie sehr lange hält. Vor allem dort, wo viele Gegenstände sind und die Energie nicht im Raum fließen kann.

Bemüht euch, so viele Gegenstände wie möglich loszuwerden, die euch belasten und die euch keinen Nutzen bringen.

Verwendet zur Reinigung des Zuhauses auch Musik, die positiv ist und harmonisierend wirkt. Die Schwingung der Musik durchdringt Wände, Fußböden und Möbel und verwandelt so schlechte Energie in positive.

Ihr könnt euer Zuhause zusätzlich kraft eures Geistes und eurer reinen Absicht reinigen. Mit Hilfe eures Geistes könnt ihr in eurem Haus reinigende, positive Frequenzen entstehen lassen, die dabei helfen, dass ihr euch in eurem Zuhause wieder wohl fühlt.

Für eure psychische und körperliche Gesundheit braucht ihr natürlich auch gesunden Schlaf und mit der energetischen Reinigung eures Zuhauses kommt eure Seele in ihre Mitte.

Die folgende Methode ist sehr schnell, einfach und äußerst wirkungsvoll:

Übung

Konzentriere dich gedanklich auf den geometrischen Mittelpunkt deines Zuhauses.

Stelle dir vor, dass über diesem Mittelpunkt eine golden-blaue Lichtkugel schwebt.

Sie ist sehr strahlend und klar.

Lasse das Licht aus dieser Kugel sich nun in den ganzen Raum, in dem sie sich befindet, ausdehnen.

Lasse alle Möbel und alle Gegenstände dieses Raums mit ihrem Licht durchleuchten. Das Licht dieser Kugel durchleuchtet alle Winkel dieses Raumes.

Lasse danach dieses Licht sich in die Wände dieses Raumes ausdehnen.

Das Licht dieser Kugel ist so machtvoll und klar, dass es durch die Wände dieses Raumes dringt und die anderen Räume deines Zuhauses ebenfalls durchleuchtet.

Dieses Licht durchleuchet auch weitere Wohnungen, wenn du in einem Mehrfamilienhaus wohnst.

Das Licht reinigt das ganze Haus, den ganzen Keller und das ganze Dachgeschoss.

Das Licht durchdringt die Außenwände des Hauses, in dem du wohnst.

Du beobachtest, wie sich dieses golden-blaue Licht in die Umgebung des Hauses ausdehnt und sich das ganze Haus in einer wunderschönen und klaren, strahlenden Kugel befindet.

Das Licht ist klar und hochschwingend.

Wenn du die Energien deines Zuhauses auch noch harmonisieren möchtest, stelle dir vor, dass sich das ganze Haus in einer riesigen Blume des Lebens befindet.

> Der Mittelpunkt der Blume des Lebens befindet sich im geometrischen Mittelpunkt deines Zuhauses. Genau dort, wo du zu Beginn gedanklich die golden-blaue Lichtkugel platziert hast.
> Du kannst dich jetzt noch beim Hausgeist bedanken, der sich in deinem Haus befindet.

Wenn ihr diese Übung durchführt, diese Reinigung, ist euer Haus energetisch geschützt, gereinigt und harmonisiert. Es ist dann vor schlechten Energien, die sich in eurem Haus festgesetzt haben, beschützt und davon gereinigt.

Noch etwas zu eurem Hausgeist: Einen Hausgeist gibt es in fast jedem Haus. Vor allem in älteren Häusern ist es sehr wahrscheinlich, dass der Geist eures Hauses schon von der Zeit an dort lebt, als das Haus gebaut wurde.

In den heutigen Neubauten ist es für diese Wesen oft schwierig, sich »einzuleben«. Viele Neubauten, in denen eine große Anzahl Familien wohnt, sind energetisch sehr unausgewogen. Auch die Materialien, aus denen die Neubauten gebaut sind, sind energetisch häufig mit verschiedensten Energien der Hersteller, Verkäufer und Bauarbeiter aufgeladen.

Wenn ihr euch in einem solchen Haus befindet und das Gefühl habt, dass es darin keinen Hausgeist gibt, stört euch nicht daran, sondern versucht, euer Zuhause so gut wie möglich energetisch zu harmonisieren und die Energie eures Hauses zu erhöhen. Eure positiven Gedanken und positiven Schwingungen kodieren sich in euer Haus ein, und ihr werdet euch sehr gut und sicher darin fühlen.

Für eure weitere Entwicklung ist es wichtig, dass ihr euch in eurem Zuhause wohl fühlt und Energie daraus schöpft, damit ihr in eurem Zuhause auch während des Schlafs neue Kraft schöpft und eure Organe sich regenerieren können.

Für eure Seele ist euer Körper ihr Zuhause, und für euren Körper ist eure Wohnung oder euer Haus sein Zuhause. Bemüht euch um größtmögliche Harmonie und um so viele positive Frequenzen für euer Zuhause wie möglich. Bemüht euch, damit eure Seele, euer Geist und euer Körper mit eurem Zuhause verbunden sind und sich nicht zur ständigen unterbewussten Flucht aus dem Zuhause verleitet fühlen. Frage noch heute deinen Körper, ob er sich in deinem Haus zufrieden und gesund fühlt.

Versucht, in Symbiose mit eurem Zuhause, mit eurer Natur und eurer Umgebung zu leben. Versucht, so positiv wie möglich in eure Umgebung zu passen, und schafft gute Bedingungen für euren optimalen Aufenthalt hier auf der Erde, in dieser Inkarnation. Erschafft euch günstige Bedingungen für euer persönliches Wachstum und unterstützt euren Körper auf positive Art mit der richtigen Lebensweise.

Eure jetzige Inkarnation in dieser Zeit und in diesem Raum ist für euer Wachstum mehr als wichtig.

20

Die bisher erreichte Anzahl erleuchteter menschlicher Seelen

Glaubt uns, mit der Zeit werdet ihr in immer tiefere und komplexere Ebenen eurer Heilung und eurer positiven Umprogrammierung gelangen.

Wir sind inzwischen viele Heiltechniken zusammen mit euch durchgegangen – Schritt für Schritt, für die Erschaffung eurer positiven Zukunft.

Es ist uns eine große Ehre, euch auf diese Weise begleiten zu dürfen. Es ist uns eine große Ehre, euch unsere Informationen zu übergeben, mit unglaublich großer Freude sehen wir, dass ihr unsere Ratschläge befolgt.

Wir begleiten euch schon sehr lange, aber jetzt können wir mit Sicherheit sagen, dass die menschliche Gemeinschaft eine gewisse Ebene erreicht hat, von der es keinen Weg zurück mehr für sie gibt, keinen Weg zurück in dunkle Ebenen des menschlichen Denkens und des menschlichen Bewusstseins. *Ihr sollt wissen:* Die kritische Zahl ist gerade erreicht worden – die kritische Zahl der Menschen, die aufgewacht sind und die die Gefahren, Fallen und Lügen dieser Zeit durchschaut haben ... Sie ist erreicht!

So lange ist über diese Zahl an Menschen und diesen Augenblick spekuliert und diskutiert worden. So lange hat die menschliche Zivilisation auf diesen Moment gewartet! Jetzt ist die Zahl der Menschen, die die Zukunft der Menschheit zum Positiven ausrichten können, definitiv erreicht worden.

Die weihnachtlichen Feiertage 2018 waren etwas anders für euch als gewohnt. Sie waren emotionaler und sind bis in die tiefsten Tiefen der Seele vorgedrungen. Der Dezember 2018 öffnete euch Menschen definitiv die ersten Türchen zu den Toren des Goldenen Zeitalters.

Die nächste Zeit wird eine Zeit großer Veränderungen sein. Nicht nur der Veränderungen in eurer physischen Umwelt, sondern auch der Veränderungen im Denken eures Geistes. Deshalb wurde euer Geist durch die Lichtwesen immerzu gereinigt, damit er neue Informationen aufnehmen kann. Die Menschheit wird große Veränderungen erleben, eine große Anzahl an Prozessen, neuen energetischen Verhältnissen und neuen Wesen, die schon bald in direkter Kommunikation mit der Menschheit stehen werden.

Euer Gehirn wird neue Synapsen für den Empfang von mehr Informationen bilden, weil die Menge an Synapsen und die Kapazität des Gehirngewebes, das die Menschheit momentan verwendet, für die Neue Zeit nicht ausreicht.

Die Entwicklung der Menschheit wird komplex ablaufen. Und zwar nicht nur auf der Ebene der wirtschaftlichen Entwicklung, sondern auch auf der Ebene des menschlichen Körpers und des Gesamtsystems des Menschen.

Die Prozesse, die sich auf dem Planeten Erde abspielen werden, werden es erforderlich machen, dass eure Systeme äußerst robust sind und ihr euch hervorragend an die Lichtfrequenzen der Neuen Zeit anpassen könnt.

Euer Geist wird Informationen neuer Frequenzen, die auf diesem Planeten vorkommen werden, empfangen. Die

Informationen der Zentralsonne, die schon bald in vollem Umfang auf den Planeten Erde gelangen, verbinden euren Geist mit dem Bewusstsein der göttlichen Intelligenz. Das wird die Umprogrammierung fehlerhafter Programme der menschlichen Gemeinschaft, die nach wie vor im Geist einzelner menschlicher Wesen an der Oberfläche der Erde zu finden sind, zur Folge haben.

Euer Geist wird Informationen empfangen, die durch den Kosmischen Rat unmittelbar zur Erde gesendet werden. Euer Geist wird nach und nach des telepathischen Empfangs dieser Informationen fähig werden und in der Lage sein, diese Informationen in menschliche Sprache umzukodieren.

Alles wird Schritt für Schritt ablaufen. Die Systematik des menschlichen Körpers wird für den Empfang kosmischer liebevoller Informationen umprogrammiert, was das automatische Wachstum der menschlichen DNA und ihre Entwicklung zur Folge haben wird.

Die menschliche DNA wird immer mehr auf eine höhere und erweiterte Funktionalität umprogrammiert. Der menschliche Geist gibt ihr dank des veränderten positiven Denkens und dank der veränderten Schwingungen des menschlichen Herzens zum Positiven die Gelegenheit dazu. Das menschliche Herz nimmt das positive Denken des Geistes und die Umprogrammierung des gesamten menschlichen Systems auf positive Lichtfrequenzen auf.

Der menschliche Geist verbindet sich durch seine positive Kraft mit den Frequenzen des kosmischen, positiven und liebevollen Bewusstseins. Die kosmischen, positiven, liebevollen Frequenzen durchdringen das System des menschlichen Individuums mehr und mehr und bringen es dazu, seine tiefsten liebevollen Emotionen, die es in sich trägt, zu zeigen.

Das menschliche Individuum, das durch das Leben auf diesem Planeten gelernt hat, seine Gefühle nicht zu zeigen, weil sie nicht in die Normen der veralteten menschlichen Gesellschaft »gepasst« haben, wird erleben, dass seine tiefsten menschlichen Gefühle der Liebe und des Verständnisses an die Oberfläche treten und sich unter allen Umständen zeigen wollen. Das menschliche Individuum zeigt sein unterdrücktes Weinen, das es vielleicht ganze Jahrzehnte seiner Inkarnation in sich getragen hat. Unterdrückte Tränen, die es ganze Jahrzehnte ohne den Ausdruck seiner Gefühle, die seine Seele in sich trägt, leben ließen. Das unterdrückte Weinen, das den reinsten menschlichen Geist in seinem wahren Leben und Sein begrenzt hat, wird ein reinigender und sehr wertvoller Führer zum Glück und zum menschlichen Frieden sein.

Das Weinen, das in der nächsten Zeit aufkommen wird, ist ein reinigenes Weinen, das euch den Weg zur Tiefe eurer Seele öffnet. Die gespeicherten Emotionen, die ganze Jahrzehnte lang tief in die Seele eingriffen, werden in Form von tief reinigendem und heilendem Weinen gehen dürfen.

Es wird ein Weinen sein, das den Menschen von Gott gegeben wurde. Die reinste und wirkungsvollste Form der Seelenreinigung, die der Menschheit geschenkt wurde. Habt keine Angst davor, eure Gefühle zu zeigen, lasst die Tränen fließen, die eure Seele befreien.

Emotionen der Unterdrückung, Emotionen der Ungerechtigkeit, die die Menschheit in sich trägt, werden durch heilendes Weinen transformiert.

Habe keine Angst, deine Gefühle zu zeigen, wenn du spürst, dass gerade heilsame Tränen kommen. Du bist ein menschliches Wesen, das in seinen tiefsten menschlichen Gefühlen und Emotionen einzigartig ist. Du musst deine Gefühle nicht mehr verbergen. Die nahe Zukunft wird eine Zeit der Wahrhaftigkeit und Echtheit. Deine Gefühle und Emotionen gehören zu dir. Du musst deine Gefühle und Emotionen nicht mehr verstecken, damit du in die Normen dieser Gesellschaft passt. Diese Gesellschaft veralteter Normen und Gebräuche zerfällt gerade ...

Die zukünftige Zeit der Menschheit wird ohne Heuchelei und Lügen sein. Die Neue Zeit, eine Zeit wahrer Gefühle und Emotionen, ist gerade angebrochen.

Das menschliche Wesen, das sich mehr und mehr telepathisch und durch den Blick in die Augen des anderen menschlichen Wesens verständigen können wird, wird die Gefühle des anderen sofort registrieren, und dadurch wird es möglich, dem Problem des Gegenüber sofort Abhilfe zu schaffen. Es werden keine Irrtümer oder Missverständnisse mehr entstehen, weil sich die menschlichen Wesen augenblicklich gegenseitig verstehen werden. Telepathie ist der erste Schritt zum Frieden. Zum Frieden in menschlichen Seelen und in menschlichen Herzen.

Das menschliche Wesen wird bald anfangen, seine Essenz so zu leben, wie sie ihm von Gott gegeben wurde. Seine reinste Essenz ohne Lügen, Heuchelei und Anpassung an die künstlich geschaffenen Normen, die nicht mehr lange überdauern werden.

Die reinste menschliche Essenz wird bald wieder in ihrer Wahrhaftigkeit und in ihrer Reinheit existieren können.

Diese Zeit bringt der menschlichen Gemeinschaft in physischer Form den Übergang in die lichtvollen Dimensionen des Goldenen Zeitalters. Das menschliche Individuum muss nicht seinen Körper verlassen, um in höhere Bewusstseinsebenen aufsteigen zu können. Es gelingt ihm, in seiner Körperhülle in neue Bewusstseinsebenen aufzusteigen, weil diese Körperhülle die dunkle Komponenten, die sie in sich getragen hat, transformiert hat.

Das Privileg des Aufstiegs ist einzigartig und wird in die Menschheitsgeschichte der Akasha-Chronik eingehen. Die menschliche Gemeinschaft steigt in physischer Form ins Golde-

ne Zeitalter auf, und die Transformation jeglicher Negativitäten wird nicht durch das Verlassen des menschlichen Körpers ablaufen müssen. Denn: Die Zahl der Menschen auf diesem Planeten, die für den lichtvollen, transformierenden Fortschritt in die Zukunft der menschlichen Gemeinschaft notwendig war, wurde soeben erreicht!

Bedenken über die unklare Zukunft, die wie ein »Damoklesschwert« über der menschlichen Gemeinschaft schwebte, könnt ihr nun loslassen. Die kritische Masse der durchleuchteten menschlichen Seelen und durchleuchteten Ebenen des menschlichen Seins ist gerade erreicht worden!

Lasst alle Ängste und Sorgen los, die die Entwicklung der menschlichen Gemeinschaft betreffen. Die positive Entwicklung wird verwirklicht, und ihr werdet euch an dieser Entwicklung beteiligen. Lasst alle Bedenken zurück und konzentriert euch auf das Positive der Zukunft, auch wenn ihr die Endergebnisse noch nicht seht.

Die Veränderungen, die sich gerade hinter den Kulissen der menschlichen Entwicklung abspielen, gewähren eurem Geist schon teilweise Einblicke in die neue Zukunft. Euer Geist ahnt instinktiv, dass die neue Zukunft gerade anbricht, und das gibt ihm positive Motivation für weiteres positives Handeln und unerschöpfliche Hoffnung in die Zukunft.

Öffnet euch für die neuen Möglichkeiten. Öffnet euch für die weiteren neuen positiven Frequenzen, die gerade auf den Planeten Erde kommen. Öffnet euch für eure tiefsten Gefühlen und lebt eure tiefsten Gefühle. Durchlebt sie in vollen Zügen und verbindet euch durch sie mit der reinsten Frequenz eurer neuen menschlichen Zukunft.

21

Das Wissen der Mayas und die Anbindung der Erde an das Bewusstsein und das Licht der Zentralsonne

Die Gelegenheit, bei dieser Transformationsphase der menschlichen Entwicklung dabei sein zu können, ergibt sich nach 26.000 Jahren. Diese Phase ist eine Zeit der menschlichen Entwicklung und eine Zeit kosmischer Zyklen. Ihr habt dieses Privileg, euch gerade jetzt hier und in diesem Raum auf dem Planeten Erde zu befinden. Erschafft euch die optimalen Bedingungen für eure persönliche und ganzheitliche Entwicklung.

In nächster Zeit werdet ihr häufig dazu aufgerufen, euch mit der Kultur und dem Wissen der Mayas zu beschäftigen. Ihr werdet aufgerufen, euch an ihre morphogenetischen Bewusstseinsfelder anzubinden, die sie hier auf der Erde für euch hinterlassen haben.

Die Kultur und das Wissen der Mayas werden euch auch bezüglich des planetarischen kosmischen Wissens und des

Wissens über die vollwertige menschliche DNA begleiten – des Wissens über Aminosäuren, die für eine vollwertige DNA notwendig sind.

Viele menschliche Individuen, die sich gerade auf der Erde befinden, tragen das Bewusstsein und eine Teilessenz der Mayas in sich. Sie sind auf die Erde gekommen, um euch bei eurem Bewusstseinswachstum und beim Erkennen der gesamten kosmischen Situation zu helfen.

Das Strahlen der Sonne und ihre Informationen waren für die Mayas wesentlich. Das Strahlen half den Mayas, im Einklang mit der Natur und im Einklang mit dem kosmischen Geschehen zu leben. Die Mayas sind für ihre Sonnenkultur bekannt. Dank ihr lernt ihr Menschen das positive Strahlen der Sonne wieder ganzheitlich und vollwertig zu nutzen, und ihr lernt auch, die Sonnenenergie für eure Gemeinschaft zu nutzen.

Die Mayas waren in absolutem Einklang mit dem Bewusstsein des Sonnengestirns. Die Sonne ist teilweise mit dem Bewusstsein, der Energie und dem Strahlen der Zentralsonne eures Geschehens verbunden. Das Bewusstsein eurer Sonne, an die sich die Mayas bewusstseinsmäßig angebunden haben, war für sie das bedeutendste aller Elemente des Kosmos und der Natur. Ebenso, wie euer Planet Erde seine Seele Gaia hat, hat auch die Sonne ihre Seele und ihr Wissen. Wir nennen das Wissen und die Seele der Sonne Ra. Mit der Seele der Sonne kann man natürlich ebenso kommunizieren, und die Mayas haben diese telepathische Kommunikation genutzt. Sie haben Informationen von der Sonne erhalten, die für das Wachstum der auf der Erde lebenden Gemeinschaft notwendig waren.

Das Wissen der Mayas, das auch von einem geheimnisvollen Schleier umhüllt ist, wird zusammen mit dem Wissen von Atlantis vollkommen enthüllt werden. Bis dahin könnt ihr persönlich das positive Strahlen der Sonne und verschiedene Intensitäten der Strahlen des Sonnenlichts nutzen. Das Strahlen der Sonne unterstützt die Fähigkeit der Regeneration eures Körpers. Jede Tageszeit bietet verschiedene Intensitäten und Fähigkeiten des Sonnenlichts an. So unterstützen die morgendlichen und abendlichen Sonnenstrahlen die Funktion eurer Chakren. Eure Chakren saugen die Sonnenstrahlen in dieser Zeit förmlich ein und nähren mit diesem kosmischen Sonnenlicht eure Organe.

Die Sonne sendet zu jeder Tageszeit ihre heilenden Strahlen zu euch, ihre Lichtfrequenzen und Informationen des kosmischen Geschehens. Das Bewusstsein eurer Sonne ist riesig, weil sie mit ihrem lichtvollen Bewusstsein teilweise an das Bewusstsein der Zentralsonne angebunden ist.

Im Goldenen Zeitalter kommen eure Erde, euer Sonnensystem und eure Galaxis in eine Lage, in der die Strahlen der Zentralsonne endlich zu euch vordringen! Endlich gelangen sie auf den Planeten Erde! Das wird die Durchleuchtung aller Bewusstseinsebenen des Planeten Erde und der Bewusstseinsebenen der menschlichen Gemeinschaft zur Folge haben. Das Bewusstsein, in dem sich der Planet Erde und die menschliche Zivilisation befinden werden, wird gleich dem Bewusstsein sein, in dem sie sich vor 26.000 Jahren befanden. So lange hat es gedauert, bis sich der Planet Erde und die menschliche Zivilisation dem kosmischen Bewusstsein annähern konnten.

Die menschliche Entwicklungsrevolution hängt stark mit den kosmischen Einflüssen zusammen. Der Ausstieg der Erde aus einer niedrigen Bewusstseinsstufe hat Auswirkungen auf die gesamte menschliche Gemeinschaft. Das Goldene Zeitalter hilft der Erde aufzusteigen und gibt dadurch allen menschlichen Wesen die Gelegenheit, mit ihr aufzusteigen.

Der Ausstieg aus niederfrequenten Ebenen des menschlichen Bewusstseins und aus der niederfrequenten Existenz hier auf der Erde verbindet euch mit dem Bewusstsein eurer Sonne, dem Bewusstsein eurer Galaxis und dem Bewusstsein der Zentralsonne!

Das sind die neuen Möglichkeiten, die wir immerzu ansprechen. Möglichkeiten, die euch bislang noch nicht klar sind, weil ihr diese unerschöpflichen Möglichkeiten noch nicht sehen und erleben könnt.

Der Einstieg ins Goldene Zeitalter bedeutet nicht »nur« die Durchleuchtung der menschlichen Seele und der menschlichen Materie, er bedeutet auch die Anbindung und Verbindung mit dem Wissen und dem Licht der Zentralsonne! Es geht um komplexe Ereignisse des gesamten kosmischen Geschehens, die gerade in eurer Galaxis ablaufen. Es geht nicht nur um den Aufstieg der menschlichen Gemeinschaft, es geht um den Aufstieg einer unendlichen Anzahl an Zivilisationen, die sich auf den Planeten eurer Galaxis befinden und die sich auf den gemeinsamen Aufstieg mit euch vorbereiten.

Das Goldene Zeitalter hat unendliche Möglichkeiten und ermöglicht auch anderen Zivilisationen und Wesen den Ausstieg aus niedrigen Ebenen. Hier läuft gerade ein komplexes galaktisches Geschehen ab.

Eure Galaxis wird sich in direktem lichtvollen Kontakt mit den Strahlen der Zentralsonne, die eine Lebensform allen Geschehens im gesamten Universums ist, wiederfinden. Sie wird sich in direktem Kontakt mit den Informationen eures Geschehens und dessen Frequenzen wiederfinden.

22

Abschließende Worte der Liebe und Verbundenheit

Das planetarische Geschehen nimmt riesige Ausmaße und Höhen an. Dieses großartige planetarische Geschehen hat Auswirkungen auf alle lebenden und nicht lebenden Schöpfungen. Es hat solche Auswirkungen, dass es die lebende und nicht lebende Welt untereinander beeinflusst.

Eins beeinflusst das andere, und helle Elemente des Planeten werden noch heller. Jeder Millimeter Erde, Wasser und Luft wird durchleuchtet und erlangt höhere Lichtintensität.

Jeder Millimeter eurer Erdkugel saugt die durchleuchteten Frequenzen der kosmischen Intelligenz auf und durchleuchtet weitere Elemente um sich herum.

Jeder Millimeter eurer Erdkugel bindet sich mit großem Tempo an die immer mehr auftretenden Frequenzen des Goldenen Zeitalters an.

Jeder Millimeter eurer Erde beginnt seine Frequenz zu verändern und im Einklang mit der kosmischen Energie des göttlichen Lichts zu schwingen – des göttlichen Lichts des Wissens, des göttlichen Lichts der Zentralsonne.

Dieses göttliche Licht bewirkt etwas ...

Die Strahlen der Zentralsonne, die eure Erde teilweise schon empfängt, wandeln jegliches Sein auf diesem Planeten um, lebendes wie nicht lebendes Sein. Die Strahlen der Zentralsonne durchleuchten alle Ebenen eures Seins und alle Ebenen des Planeten Erde.

Die Lichtstrahlen der Zentralsonne bewirken, dass ihr euch an euren Ursprung erinnert. Ihr alle, die ihr eure lichtvolle Essenz noch in euch sucht, werdet an euer lichtvolles Inneres erinnert. Ihr alle, die ihr das Gefühl habt, immer noch keine Verbundenheit mit der Lichtwelt gefunden zu haben, werdet euch spätestens im Goldenen Zeitalter erinnern.

Ihr alle, die ihr schon ein sehr großes Stück des Weges der Selbsterkenntnis gegangen seid, werdet eure lichtvolle Essenz leben – die reinste und strahlendste Essenz.

Ihr werdet euch an eure Freiheit und an eure Unabhängigkeit erinnern. Ihr werdet euch an euer Wissen in euch erinnern. Ihr werdet euch an eure Größe erinnern.

An eure Größe, die euch mit weiteren großartigen Frequenzen und weiteren großen Lichtern dieses Universums verbindet.

Ihr werdet eure Größe erleben. Hier auf diesem Planeten und in diesem Körper. Euer Körper wird eine große Bereicherung für eure Gesamtentwicklung sein, und er wird sich ebenfalls lichtvoll entwickeln, gemeinsam mit eurem Geist.

Eure Lichtfrequenz verbindet euch mit weiteren Lichtwesen dieser Galaxis. Euer Bewusstsein und eure Größe werden immer mehr wachsen.

Ihr werdet fühlen, dass ihr nicht alleine seid.

Ihr werdet fühlen, wie stark die Verbundenheit zwischen den Völkern ist, die den größten Wunsch in sich tragen: *Frieden im Herzen.*

Ihr werdet fühlen, wie euch dieser Frieden verbindet und wie er euch gleichzeitig dabei hilft, in friedliebenden Frequenzen eures Seins zu bleiben.

Ihr werdet fühlen, wie euch die Frequenzen des Friedens tragen und welch wichtige Rolle sie in eurem Sein spielen.

Ihr werdet fühlen, dass Verbundenheit zwischen den friedliebenden Völkern dieser Erde wie auch zwischen Völkern anderer euch umgebender Planeten eure Inkarnation auf diesem Planeten bereichert.

Entscheidet euch für die Freiheit. Für Freiheit im Herzen und für die Freiheit eures Seins. Eure Freiheit wird euch in die Höhen des kosmischen Geschehens emporheben, wo keine Grenzen oder Hindernisse existieren. Eure Freiheit im Herzen eröffnet weitere Möglichkeiten eurer Existenz.

Die neu gewonnene Freiheit hat für viele von euch bereits begonnen. Eure soeben erlangte Freiheit durchleuchtet die Dimensionen eurer Realität. Wie oft habt ihr euch nach Freiheit gesehnt und wie oft habt ihr euch gewünscht, in eurer persönlichen Freiheit zu existieren. Vielen von euch ist es schon gelungen, die Fesseln, die euch von der Freiheit getrennt haben, zu zerreißen. Vielen von euch ist es gelungen, die dunkle Realität zu durchleuchten – und es ist euch gelungen, in eine lichtvolle Realität einzusteigen.

Es ist euch gelungen, eurem Herzen zu folgen und danach zu handeln. Es ist euch gelungen, erste Schritte zu eurer persönlichen Freiheit zu machen.

Eure Freiheit ist die Frequenz, die euch mit weiteren Wesen verbindet, die freiheitlich handeln und die ihrem Herzen folgen. Eure gemeinsame Herzenskraft wächst an und lässt die menschliche Gemeinschaft schöner und klarer werden.

Eure Schritte, die euch oftmals viel Kraft gekostet haben, waren Schritte, mit denen ihr zu weiteren, lichtvolleren Dimensionen eures Seins aufgestiegen seid. Ihr habt Millimeter für Millimeter durchleuchtet, und jeder Millimeter eures Seins empfängt nun verstärkt die Strahlen und Informationen der Zentralsonne. Jeder durchleuchtete Millimeter eurer Existenz ist wichtig und unersetzbar. Jeder durchleuchtete Millimeter trägt zu weiteren durchleuchteten Parametern und Dimensionen eures Seins bei und überträgt das Licht weiter und weiter.

Die lichtvolle Revolution, die gerade auf dem Planeten Erde und auf weiteren Planeten abläuft, ist ein großes Schauspiel und löst Bewunderung in euren Lichtwesen aus.

Dieses lichtvolle Spektakel verbindet die Herzen und Gedanken friedliebender außerirdischer Wesen, die euch in diesem Prozess begleiten.

Eure lichtvolle Revolution bringt weitere Lichtwesen und weitere Lichtfrequenzen auf den Planeten.

Eure Lichtwesen, die sich in eurer persönlichen Nähe aufhalten, spüren nach unendlich langer Zeit wieder verstärkt Kontakt zu euch und erleben eine verstärkte Kommunikation mit euch. Euer persönliches Licht erlaubt euren Lichtwesen, in euren Raum zu kommen – so wird verstärkte Kommunikation mit euch möglich.

Nach so langer Zeit gelingt es euren Lichtwesen wieder, Kontakt mit euch aufzunehmen, ein Kontakt, der euch oft mehr als real erscheint. Die Intuition, die ihr jetzt stärker als früher fühlt, ist häufig die Führung eurer Engelwesen.

Die Engelwesen verbinden euch mit eurem Höheren Ich. Euer Höheres Ich kommuniziert zugleich mit eurer Familie im Licht, und alle zusammen seid ihr ein großes lichtvolles Team. Eure persönlichen Lichtwesen verbinden euch bei Bedarf mit weiteren Lichtwesen, die euch in einer bestimmten Situation helfen können. Je lichtvoller eure Realität ist, desto lichtvoller und klarer ist eure Anbindung an die Lichtwesen.

Eure reine Seele durchleuchtet eure Realität, und alles strebt auf eine lichtvolle Zukunft zu. Seid euch der glücklichen Momente bewusst, die ihr hier auf der Erde erlebt. Seid euch dessen bewusst und legt sie in eurem Gedächtnis ab. Diese glücklichen Augenblicke durchleuchten euren persönlichen Entwicklungsweg. Glück ist nicht nur ein Wort. Glück ist ein Zustand, der dem menschlichen Wesen von Gott gegeben ist.

Ihr richtet euch alle auf euer Sein in Glück, Frieden und Freiheit aus. Jeder schreitet in seinem Tempo voran, und das Tempo bestimmt die Richtung und Zeitlinie eurer Entwicklung. Jeder hat ein Recht auf seine persönliche Entwicklung und sein persönliches Wachstum. Jeder von euch ist einzigartig, und jeder von euch wird von Gott geliebt, unabhängig davon, in welchem Zeitabschnitt eurer Entwicklung ihr euch befindet.

Ihr alle seid aus dem göttlichen Licht entstanden, und ihr alle findet das göttliche Licht in euch – ohne Ausnahme. Ihr alle tragt dieses Licht in euch, und ihr alle werdet eure Göttlichkeit leben.

Das planetarische Geschehen hilft euch allen bei eurer Suche und lässt euch eure göttliche Essenz leben. Wir freuen uns sehr über eure Entwicklung und begleiten euch. In Glück, in Frieden und in Harmonie.

Die Worte, die wir euch nun antragen wollen, sind eigentlich überflüssig … Denn wir spüren die Verbundenheit mit euch, und ihr fühlt unsere Liebe zu euch. Unsere gemeinsame Liebe verbindet uns und bringt viele Möglichkeiten der Heilung eurer menschlichen Entwicklung. Liebe ist das Wertvollste, Schönste und gleichzeitig das Stärkste, was wir mit euch teilen können. Die Liebe im Herzen verbindet uns und gibt uns Kraft, euch weiterhin zu helfen und euch zu begleiten.

Liebe ist Leben. Liebe ist Licht. Liebe ist Existenz.

Liebe ist die friedliebendste Frequenz, die existiert. Liebe verbindet uns, stärkt uns, erhebt uns, macht uns glücklich und schützt uns vor allem Bösen, das noch nicht den Weg zum Licht gefunden hat.

Liebe ist ein Zustand, in dem wir euch bedingungslos lieben, und zugleich lieben wir bedingungslos uns selbst.

Bedingungslose Liebe nährt uns und lässt uns wachsen.

Wir erheben uns mit unserer Frequenz der Liebe in Höhen, die wir früher selbst nicht erahnt hätten. Es ist uns eine große Ehre, dieses Gottesgeschenk zu erleben und dieses Geschenk gleichzeitig weiterzugeben. Wir verbreiten Liebe, und das macht uns glücklich.

Wir freuen bitte uns bereits auf den Augenblick, wenn sich die menschliche Gemeinschaft als Ganzes mit unserer Liebe verbindet und ebenfalls Gefühle erlebt, die Worte nicht ausdrücken können …

Es genügt, diese Liebe wahrzunehmen und sie in sein Herz zu lassen …

Liebe heilt alle Dimensionen eures Seins.

Wir verabschieden uns jetzt. Unsere Worte verlassen euch gerade. Aber unsere bedingungslose Liebe zu euch bleibt.

Wir sind mit euch und begleiten euch.

Frieden mit euch,
Frieden mit uns.

Bonus-Channeling 1:

Geht ins Vertrauen und lasst die Reinigung geschehen!

AMRA-Newsletter, verbreitet im September 2018

Liebe Lichtboten,

diese Zeit, in der ihr euch gerade befindet, bringt große Veränderungen, auf der menschlichen wie auf der planetarischen Ebene. Das, was zuvor ganze Jahrzehnte lang wegweisend für euch gewesen ist, verändert sich in unglaublichem Tempo und bildet sich neu.

Das Wichtigste, das ihr in dieser Zeit für euch selbst wie für die anderen Mitglieder eurer menschlichen Gemeinschaft tun könnt, ist zu vertrauen. Seid im Vertrauen! Vertraut eurem Inneren und wendet euch an euer Inneres, denn es gibt euch die präsisesten Informationen und offenbart euch die reinste Intuition.

Wendet euch an euer Inneres, das euch mit eurem Höheren Selbst verbindet, welches sich in der lichtvollen Dimension der Ewigkeit und Unendlichkeit befindet. Wendet euch an euer Inneres, und euer Gefühl und eure Führung werden euch nicht enttäuschen.

Wir wissen, dass diese Zeit, die voller Veränderungen ist, für viele von euch rasend schnell abläuft. Ihr dürft aber daran glauben, dass das Geschehen eurer menschlichen Gemeinschaft sich in eine positive Richtung entwickelt, denn genauso ist es.

Wir glauben, dass es absolut notwendig ist, dass ihr euch bewusst werdet: Situationen, die momentan als belastend empfunden werden und bei denen ihr negative Emotionen durchlebt, sind transformierende Situationen. Es sind positive Situationen, die euer Herz und euer Geschehen auf diesem Planeten reinigen.

Betrachtet negative Situationen, die ihr in dieser Zeit erlebt, als das, was sie sind: Als Ausweg aus der jetzigen Gegenwart, die für viele unangenehm ist. Es sind Wegweiser, die euch durch die Reinigung führen. Ja, negative Situationen, die verstärkt in euer Leben gebracht werden, reinigen eure Realität und durchleuchten eure Zukunft! Euer Geist mag sie zunächst als unangenehm wahrnehmen, aber diese Situationen machen ihn rein und klar. Bewahrt euer Verständnis dafür, dass diese verstärkt auftretenden negativen Situationen eine der letzten Phasen sind, die die menschliche Gemeinschaft bei ihrem Bewusstseinsaufstieg durchlebt!

Die menschliche Gemeinschaft und alle ihre Dimensionen, Zeiten und Realitäten nähern sich unaufhaltsam dem Goldenen Zeitalter an. Das Goldene Zeitalter, das ungeduldig erwartet wird, lässt in seine Räume Wesen und Realitäten eintreten, die erleuchtet und gereinigt sind. Empfangt sie mit riesiger Freude und Dankbarkeit und gesellt euch zu ihnen.

Die gereinigte menschliche Realität wird in der Lage sein, sich in alle Räume und Zeiten zu verbreiten und auszudehnen. Für die menschliche Gemeinschaft ergeben sich daraus unglaubliche Möglichkeiten, die euch bislang zu erleben nicht möglich waren.

Gebt alle negativen Belastungen ab, die euch auf dem Weg zum Goldenen Zeitalter und seinen Möglichkeiten bremsen. Durchlebt sie! Reinigt euch! Gebt diese schweren Situationen, Gedanken und Gefühle an eure Lichthelfer ab und lasst zu, dass sie diese in Licht transformieren. Eure Absicht reicht dafür aus. Die Belohnung wird die Einfachheit und Leichtigkeit eures Verhaltens sein. Die Kompliziertheit und Langwierigkeit des Transformationsprozesses existiert nicht mehr. Eure Absicht und euer Vertrauen verwandeln Negatives sofort in Liebe und in Licht. Lasst es zu! Setzt diese Absicht! Die Geschwindigkeit und die Frequenzen der Lichtenergie erhöhen sich fortwährend!

Falls ihr immer noch Belastungen in euch tragt, die euch blockieren oder nicht gesund sein lassen, könnt ihr folgende Affirmation verwenden. Ruft dazu eure Lichthelfer herbei, euer Höheres Selbst, eure Geistführer. Ihr könnt auch uns, die plejadischen Lichtwesen, zu euch rufen, wenn ihr das möchtet. Und dann sprecht …

Affirmation

»Ich gebe jetzt und in diesem Raum alle Negativitäten, die mich belasten, ab. Ich öffne hiermit mein Herz und lasse alle Belastungen und negativen Verbindungen, die mich nicht frei und glücklich sein lassen, sich in Licht auflösen.

Ich vergebe allen Wesen, die mich negativ beeinflusst haben. Ich vergebe mir. Meine Absicht ist rein und klar. Meine Seele, mein Geist und mein Herz empfangen dankbar die heilende Kraft der Liebe und des Lichts.

> Meine Realität ist rein, klar und absolut an die göttliche Liebe angebunden.
> Ich bin frei. Ich bin frei. Ich bin frei.
> Danke. Danke. Danke.«

Stellt euch nun vor eurer Brust das goldene Symbol für Unendlichkeit vor, um diesen Prozess zu verstärken. Durch diese Visualisierung erleichtert ihr die Heilung eurer Situation. Ihr könnt die Affirmation auch laut aussprechen.

Eure Stimme verbindet euch mit den Heilfrequenzen der göttlichen Liebe.

Wir wünschen euch auf dem irdischen Weg viel Erfolg, Glück, Liebe und Harmonie.

Wir wünschen euch, dass eure irdische Inkarnation sich erleuchtet und heilt.

Wir geben nun Frequenzen des Friedens in eure Herzen und durchleuchten eure Realität.

Frieden mit euch, Frieden mit uns:
die plejadische Lichtgemeinschaft

Bonus-Channeling 2:

Dieses Jahr bringt euch eine großartige lichtvolle Kraft

AMRA-Newsletter, verbreitet im Januar 2019

*Liebe Lichtboten, liebe Boten
der kosmischen und der irdischen Liebe!*

Wir grüßen euch von unseren Parametern und von unseren Zeiträumen aus. Das Jahr 2019, das mit dem heutigen Tag beginnt, bringt eine große Menge kosmischer Liebe, die euch durch dieses Jahr verstärkt und auch weiterhin durch die nächsten irdischen Jahre begleiten wird. Ihr werdet diese Liebe in eurem Geist und in eurer Seele spüren. Sie wird alle Dimensionen eures Seins durchdringen, und sie wird euch dadurch helfen, all die Veränderungen, die auf dem Planeten Erde geschehen, einfacher und mit Bedacht zu verwirklichen.

Ihr werdet verstärkt die Gegenwart eurer kosmischen Familien und die Gegenwart eurer Familien, die sich gerade im Licht befinden, spüren.

Dieses Jahr bringt euch eine großartige lichtvolle Kraft, die euch einen positiven Überblick und den Mut schenkt, voranzugehen. Die Kraft des Lichts und die Kraft der Lichtwesen wird intensiver als in den Jahren zuvor sein. Ganze Jahre, Jahrhunderte und Jahrtausende war es den Lichtwesen nicht möglich gewesen, in voller Kraft und komplett auf euren Planeten herabzukommen. Die dunklen Elemente, die sich auf der Erde befanden, hinderten die Lichtwesen am Zugang zu eurem Planeten und damit auch zu eurem Geist und zu eurer Seele. In diesem Jahr gelingt es ihnen, vollkommen in euren Zeitraum einzusteigen, und dadurch werden sie sich in eurer Gegenwart bewegen können. In eurer persönlichen Gegenwart und in der zeitlichen Gegenwart. Die Parameter des Raums werden verschoben, und die Lichtwesen, die sich bereits hier auf der Erde aufhalten, werden sich endgültig in eurer unmittelbare Nähe bewegen können.

Das bringt euch verstärkte Kommunikation sowie Liebe und Lichtfrequenzen von euren Lichtbegleitern. Besser und leichter als jemals zuvor werdet ihr mit euren Familien, die sich im Licht befinden, in Kontakt treten können. Ihr werdet ihre Liebe, ihr Wissen und ihre Informationen fühlen. Ihr werdet fühlen, dass eure Familie im Licht bedingungslos zu eurer Realität und zu eurem Leben gehört. Es werden keine Blockaden in eurem Geist und in eurer gemeinsamen Kommunikation entstehen. Ihr werdet fühlen, dass eure Familie im Licht, auch wenn sie nicht physisch ist, bedingungslos zu eurem irdischen Leben gehört und ihr aus dieser lichtvollen Kraft schöpfen könnt.

Das Jahr 2019 wird ein Jahr der kosmischen Liebe. Es bringt euch so viel Liebe, wie ihr in euren Herzen und in euren Seelen zulasst. Lasst sie in eure Herzen und Seelen fließen und durchlebt das Jahr 2019 in ihrer Gegenwart.

Ihr werdet jetzt leichter und stabiler leben. Lasst das Licht und die Liebe aller Lichtwesen, die sich in eurer Nähe bewegen, in eure Herzen und in eure Seelen fließen. Nehmt diese kosmischen Geschenke an und erlaubt damit eurer irdischen Inkarnation, sich noch liebevoller zu erleben.

Das Licht und die Liebe heben euer Denken, Handeln und die Transformation eurer restlichen, noch nicht bearbeiteten Angelegenheiten an, die ihr als menschliche Person hier auf der Erde angesammelt habt.

Eine große Menge an Kindern, die die kosmische Liebe, das Licht und ein erhöhtes Bewusstsein in sich tragen, werden auf euren Planeten herabkommen. Sendet ihnen Liebe und stärkt sie durch euer Bewusstsein bei der Durchführung ihrer bereits im Voraus vorbereiteten Aufgaben. Diese Kinder steigen in den Zeitraum der fünften Bewusstseinsdimension auf die Erde herab. Sie verbinden sich frequenzmäßig mit allen menschlichen Individuen, die liebevoll hier auf dem Planeten Erde wandeln und liebevoll handeln.

Die Wellen der kosmischen Liebe werden jeden Tag dieses Jahres durchziehen. Mehr und mehr Menschen werden sich an ihre göttliche Essenz im Herzen erinnern, und mehr und mehr Menschen werden in Liebe handeln.

Mit jedem Tag werdet ihr deutlicher spüren, wie der Schwall der Göttlichkeit und der Schwall des Lichts der Zentralsonne die Frequenz eures Planeten und eurer Persönlichkeit anheben.

Seid euch dieser Liebe bewusst und lasst sie in euer Leben hinein. Beginnt mit dem Tag, an dem ihr dies lest, noch liebevoller zu handeln. Handelt mit Liebe. Verwandelt alle negativen Gedanken und Emotionen in Liebe.

Ihr bereitet euch dadurch gemeinsam mit weiteren friedliebenden Zivilisationen eurer Galaxis auf den Aufstieg ins Goldene Zeitalter vor. Die Tore des Goldenen Zeitalters beginnen sich zu öffnen.

Eure Liebe und euer Licht ermöglichen euch den Einstieg in die Tore des Goldenen Zeitalters.

Segnet gemeinsam mit uns das Jahr 2019.
Segnet gemeinsam mit uns jeden Tag dieses Jahres.
Segnet alle Lebenssituationen, die euch dieses Jahr noch bringen mag. Es sind. Situationen, die euer Sein auf diesem Planeten beeinflussen werden.
Segnet eure Vergangenheit, Gegenwart und Zukunft.
Segnet alle Menschen und Wesen, die euch in diesem Jahr begleiten werden. Bedankt euch schon jetzt bei ihnen für ihre Liebe und für ihre Anwesenheit.
Segne dich selbst und segne dein Sein auf diesem Planeten.
Segne die Liebe in deinem Herzen.
Segne die Liebe in deiner Seele.

Frieden begleitet dich!

Bonus-Channeling 3:

Wenn du dich wieder in der Natur aufhältst ...

AMRA-Newsletter, verbreitet im Februar 2019

Wir möchten euch noch ein paar Informationen zu eurer Natur und zu den lichtvollen Naturwesen übergeben.

Eure lichtvollen Naturwesen, die sich in eurer wunderschönen irdischen Natur befinden, stehen momentan in direktem Kontakt zu Erzengel Metatron.

Erzengel Metatron hat die Engel des Friedens auf die Erde gerufen, die ebenfalls in zielgerichteter und detaillierter Kommunikation mit den lichtvollen Naturwesen stehen. Sie erschaffen dadurch gemeinsam eine riesige, starke Gemeinschaft, die eine große Aufgabe und ein großes Ziel hat – der menschlichen Zivilisation aus der gegenwärtigen Situation herauszuhelfen, ihr mit Hilfe der friedlichen Frequenzen der Natur dabei zu helfen, die Stabilität des menschlichen Wesens auf der Erde und die Stabilität des menschlichen Wesens im Herzen zu finden.

Wenn sich alle Menschen, die in Städten wohnen, entscheiden würden, jeden Tag wenigstens eine Stunde ihres tagtäglichen, schnellen Lebens in der Natur zu verbringen, würden der natürliche Frieden, das Gleichgewicht und die Verbindung mit der Natur, welche die wahre Heimat für sie ist, in ihre Herzen zurückkehren.

Wenn alle Menschen, die in der Hektik der Städte und an anonymen Orten leben, jeden Tag nur eine Stunde in der Natur verbringen würden, würden sie sich erinnern, dass ihre Seele sich nichts anderes wünscht als den Kontakt zu den Lichtwesen und den Kontakt zu den Lichtfrequenzen von Mutter Erde.

Die Seele Gaia, die euch alle auf diesem Planeten empfangen hat, ruft alle Menschen zu sich, die den Kontakt mit ihr und ihrer Liebe vergessen haben. Vielleicht haben sie keine andere Möglichkeit, vielleicht macht ihnen das Leben in der Stadt Freude, aber ein Teil ihrer Seele sehnt sich nach der Liebe von Mutter Natur.

Erinnert euch alle und lasst den Stress und künstlich erzeugte Lebenssituationen, die nicht zu eurem Wesen gehören, hinter euch.

Erinnert euch wieder an Feen, Gnome und an die Hüter der Kristallreiche, des Wassers und der Waldreiche. Erinnert euch an sie.

Vor dem Herabkommen auf diesen Planeten habt ihr in lichtvollem Kontakt mit ihnen gestanden, und ihr habt von den lichtvollen Naturwesen das Angebot erhalten, jederzeit in die Natur zu gehen und euch mit ihnen zu verbinden. Ihr wusstet, dass die lichtvollen Naturwesen augenblicklich eure Trauer oder auch eure angehäuften negativen Emotionen und Gedanken entfernen können.

Ihr habt mit ihnen kommuniziert, und ihr wusstet, dass ihr euch während eurer Inkarnation hier auf der Erde jederzeit auf sie verlassen könnt. Sie haben euch ihre Hilfe angeboten. Möglicherweise habt ihr sie bloß vergessen.

Erinnert euch, dass die lichtvollen Naturwesen euch frequenzmäßig sehr ähnlich sind. Bei eurem Herabkommen auf die Erde haben euch nicht nur eure Engel und eure Lichtfamilie willkommen geheißen, sondern auch die lichtvollen Naturwesen, die sich auf dem Planeten Erde – auf Mutter Erde – befinden.

Sie haben euch an ihre Frequenz angebunden und euch wahrnehmen lassen, wie sich ihre Liebe, Kraft und ihre heilerischen Fähigkeiten anfühlen.

Mutter Erde, ihre Seele Gaia, hat euch alle untereinander verbunden und euch die Möglichkeit gegeben, euch jederzeit während eurer Inkarnation an diese liebevolle Verbindung zu erinnern.

Möglicherweise ist diese Wahrheit bloß in Vergessenheit geraten.

Möglicherweise habt ihr bloß vergessen, dass eure Natur und ihre Lichtwesen euch bedingungslos lieben und euch heilen, wann immer ihr euch in der Natur aufhaltet.

Möglicherweise habt ihr bloß vergessen, dass eure Verbindung euch in guter Gesundheit und in guter psychischer Verfassung hält.

Möglicherweise habt ihr bloß vergessen, dass Mutter Natur eure wahre Heimat ist.

Wenn die Menschen, die in Städten wohnen, wenigstens für eine Stunde täglich in die Natur gehen würden, würde es ihnen gelingen, die Energie der Stadt und die Energie aller ihrer Systeme frequenzmäßig zu heilen.

Es würde ihnen gelingen, weitere Bewohner zu unterstützen, die sich in den Städten aufhalten und die momentan nicht die geistige oder körperliche Kraft haben, ihre Situation zum Positiven zu verändern.

Wenn jeder Mensch, der in einer großen Stadt lebt, täglich eine Stunde in der Natur verbringen würde, würde er durch sein gereinigtes Herz die Energie und das Herz der Haustiere, die mit ihnen in der großen Stadt wohnen, heilen.

Schritt für Schritt würde die Energie der Städte und ihrer Systeme geheilt werden.

Vergesst nicht, dass eure Heimat die Natur ist. Vergesst nicht, dass die Natur euch heilt.

Falls es beschwerlich für dich ist, die Natur oft aufzusuchen, stelle bei deinem Besuch in der Natur Kontakt zu den Naturwesen her. Erneuere deinen Kontakt, den du möglicherweise nur vergessen hast. Deinen neu auflebenden Kontakt kannst du auch in der Stadt, in der du lebst, aufrecht erhalten. Dein Geist erzeugt gedankliche Brücken zu deinen »persönlichen« lichtvollen Naturwesen.

Sie helfen dir zumindest auf Entfernung, deinen Zustand zu verbessern. Sie helfen dir zumindest auf Entfernung, deine Seele vom Stress zu reinigen. Und sie werden sich wieder auf deinen persönlichen Besuch freuen ...

Meditation

Denke daran, wenn du dich wieder in der Natur aufhältst ...

Wenn du dich wieder in der Natur aufhältst, setze dich ins Gras, setze dich an einen Fluss, in das Moos im Wald ... Setze dich an einen Ort, der dich gewissermaßen ruft. Lass dir Zeit und suche dir einen Ort, an dem sich deine Seele sehr wohl fühlt.

Öffne dein Herz und lass alle Frequenzen der Natur hineinfließen, die sich um dich herum befinden.

Öffne dein Herz und lass die Frequenzen der Luft, des Lichts und der Stille hineinfließen. Lass Wärme und die Kraft der Erde, die aus ihr hervorgeht, hineinfließen.

Lass Vogelgesänge in dein Herz fließen, das Plätschern von rauschendem Wasser und den Windhauch, den du spürst.

Öffne dein Herz und verbinde dich dadurch mit allen lichtvollen Naturwesen, die dich an diesen Ort, an dem du dich gerade befindest, geschickt haben. Fühle ihre Liebe. Ihre Dankbarkeit, Kraft und gleichzeitig ihren Frieden.

Erinnere dich an diese liebevollen und zugleich kraftvollen Frequenzen der Lichtwesen, die dich beim Herabkommen auf den Planeten Erde willkommen geheißen haben.

Erinnere dich an ihr Angebot, dir jederzeit zu helfen und deine Seele und deinen Körper von negativen Gefühlen und Gedanken zu reinigen.

Erinnere dich an ihr Angebot.

Erinnere dich an ihre angebotene Hilfe.

Erinnere dich an ihre Existenz …

Atme tief und lass mit jedem Einatmen Sauerstoff und die heilenden Frequenzen der Natur durch die Lungen in deinen Körper fließen.

Gib mit jedem Ausatmen all das an die Natur ab, worunter du leidest und was dich belastet. Deine Naturhelfer unterstützen dich bei deinem Heilungsprozess und verwandeln deine dunklen Emotionen und Gedanken in Licht.

Sie sind dankbar für deine Anwesenheit.

Sie sind dankbar dafür, dass du dich an sie erinnert hast…

Sie sind dankbar dafür, dass du ihr Angebot und ihre Hilfe angenommen hast.

Bedanke dich bei ihnen, bedanke dich bei Mutter Natur.

Bedanke dich auch bei Erzengel Metatron, der über euch alle wacht.

Atme den Frieden und die Harmonie ein, die sich um dich herum befinden.

> Atme die Reinheit aus, die nun aus deinem Herzen und aus deiner Seele herausströmt.
>
> Nimm von dem Ort, an dem du dich gerade befindest, einen Stein oder kleinen Gegenstand, der dich immer an diesen neu aufgeladenen Kontakt erinnern wird, mit nach Hause. Dieser Gegenstand trägt die Frequenz dieses Ortes und die Liebe deiner persönlichen lichtvollen Naturwesen.
>
> Er trägt die Magie dieses Augenblicks.

Wir wünschen dir fortwährenden Frieden in deinem Herzen und in deiner Seele.

Frieden mit dir!

Diese Zahlenreihe dient der Umwandlung deiner jetzigen, fehlerhaften Realität in einen positiven Zustand. Durch das laute Aussprechen dieser Zahlenreihe (am besten drei Mal) öffnest du Kanäle zu Dimensionen, die eine Heilung oder Veränderung deines Zustands herbeiführen. Nach deiner energetischen Arbeit sprichst du diese Zahlenreihe erneut laut aus (am besten drei Mal) und fixierst damit deine neue, fehlerfreie Realität.

Diese Zahlenreihe darf nur zu Beginn und am Ende deiner energetischen Arbeit angewendet werden. Bislang haben die Lichtwesen keine andere Verwendung dieser Zahlenreihe erlaubt (außer zur Harmonisierung durch Übertragung auf Wasser mit Hilfe des Y). Diese Zahlenreihe öffnet und schließt Kanäle zu deinen Dimensionen, und es ist erforderlich, die genaue Beschreibung in dem Kapitel »Erschaffung deiner neuen Realität« einzuhalten.

Diese Zahlenreihe mit dem Y kannst du im Anschluss an deine Energiearbeit mit der Zahlenreihe **35791** zur Harmonisierung verwenden. Dazu überträgst du sie auf Wasser. Lass dazu ein Glas Wasser mindestens drei Minuten lang auf dieser Zahlenreihe mit dem Y stehen und trinke das Wasser dann schluckweise, bis du das Gefühl hast, dass deine Situation harmonisiert ist.

Auch bei anderen Situationen, die dich im Leben belasten, kannst du mit dieser Methode zur Harmonisierung, dem Übertragen auf Wasser, vorgehen. Du musst dazu vorher nicht mit der Zahlenreihe **35791** gearbeitet haben.

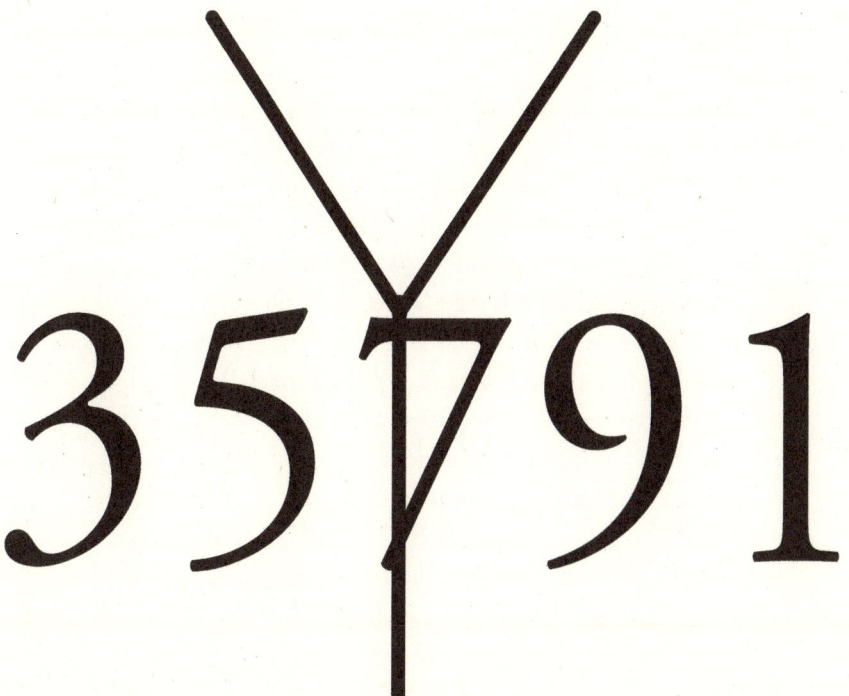

Mein Nachwort

Es ist wieder der Moment gekommen, in dem ich die letzten Worte geschrieben habe, die mir die Plejader übertragen haben. Ich fühle tiefe Ehrfurcht und tiefen Dank. Tiefen Dank für diese Worte, für diese Botschaften und für diese heilenden, lichtvollen, liebevollen Frequenzen.

Das Buch, das ich nun zu Ende geschrieben habe, wird sicherlich eine weitere große Bereicherung für all diejenigen sein, die sich spirituell und bewusstseinsmäßig entwickeln möchten und die sich für den lichtvollen Weg dieser irdischen Inkarnation entschieden haben. Gerade ihr Verständnis der ganzen planetarischen Situation hilft weiteren Menschen, die ihren Weg und ihr Verständnis der gesamten Situation noch suchen.

Ich habe verstanden, dass Menschen, die noch nicht für ihre spirituelle Entwicklung bereit sind, eine gewisse Zeit brauchen. Ich habe aber auch verstanden, dass ich ihnen durch mein Verhalten und durch mein Licht Impulse zum Nachdenken geben kann und dass gleichzeitig ganz sicher ein Teil meiner Lichtenergie in ihre Herzen übergeht.

Und genau so, liebe Leserinnen und Leser, ist es auch euch möglich, euer strahlendes Licht an weitere »Mitbewohner« dieses Planeten zu verbreiten.

Ich schätze jeden von euch sehr. Ich schätze euer Vertrauen in meine Arbeit, und ich weiß zu schätzen, dass ihr mit eurer erhöhten Frequenz einzelne Bereiche eures Seins und eurer Umgebung heilt. Ich weiß auch zu schätzen, dass euer persönliches Licht, das sich mit Hilfe der Botschaften und der Energie der Plejader verstärkt hat, einzelne Bereiche unseres wunderschönen Planeten durchleuchtet.

Jeden Tag erhalte ich liebe Worte der Dankbarkeit und Informationen von Lesern, was die Heilenergie der Plejader alles bewirkt hat, was für unterschiedliche Situationen eingetreten sind, die zur Heilung eines bestimmten Problems oder zu spirituellem Wachstum geführt haben. Das freut mich unglaublich und motiviert mich sehr in meiner weiteren Arbeit.

Die Plejader motivieren mich ebenfalls und schicken mir manchmal Energiewellen, in denen sie mir freudig mitteilen, dass es notwendig ist, ihre Informationen unter so vielen Menschen wie möglich zu verbreiten. Sehr oft fühle ich einen solchen Schwall der Energie und ihre Begeisterung, wenn sie mich zu weiteren Aktionen aufrufen. Meine Entschlossenheit nimmt dadurch zu, ihre Botschaften weiter zu verbreiten. Auch wenn ich in der Tiefe meiner Seele eher ein zurückhaltender und stiller Mensch bin, möchte ich diese Aufgabe so gut wie möglich erfüllen, wodurch ich immer mehr in die Rolle der »Sprecherin« hineinwachse – aus dem großen Wunsch, die Botschaften der Lichtwesen an so viele Menschen wie möglich weiterzugeben. Das ist mir ein Bedürfnis, das ich gleichzeitig als Pflicht empfinde. Das ist mein Motor, der mir Kraft gibt und mich antreibt.

Beim Schreiben dieses Buches konnte ich erneut spirituell wachsen. Ich habe viele Informationen der Plejader erhalten, die mir die berühmten »Aha-Momente« beschert haben, und diese Informationen waren auch wieder sehr sorgfältig durchdacht. Beim Schreiben haben mir die Plejader die versprochenen Bilder und Visionen geschickt, so dass ich den Inhalt der Texte besser verstehen und sie bis auf den Grund erfassen konnte. Wenn ich einen Absatz fertig schrieb, schickten mir die Plejader bereits weitere Gedanken und Bilder zum nächsten Absatz. Manchmal übergaben sie mir auch Informationen über Ereignisse in der Zukunft, die für bestimmte Texte wichtig sind und die ich mir jetzt schon gut merken soll. Ich weiß ganz genau, dass bestimmte Impulse, die sie in diesem Buch sozusagen nur »am Rande« erwähnt haben, im nächsten Buch detailliert beschrieben und eine große Rolle spielen werden. Alles setzt sich fließend fort, und alles ist sorgfältig durchdacht.

Sie gehen mit uns voran, wie sie oft sagen – Schritt für Schritt. Und dafür können wir uns glücklich schätzen, denn wir haben so viele Jahrtausende in der Dunkelheit gelebt. Damit wir jetzt in unsere lichtvolle Zukunft aufsteigen können, *müssen* wir einen Schritt nach dem anderen tun. Wir *müssen* das Negative in unserer Vergangenheit von uns abschütteln und uns davon lösen. Dadurch, dass die Plejader Schritt für Schritt mit uns gehen, schälen wir die Schichten der Zwiebel ab und gelangen zum Kern des Ganzen.

Immer wieder wollte ich die Plejader dazu bewegen, mir zu einem bestimmten Thema im Buch mehr Informationen zu geben. Sie haben mir die Informationen, nach denen ich gefragt habe, auf andere Art und Weise zur Kenntnis gebracht. In den Inhalt des Buches durfte ich nicht eingreifen. Sie haben mir mitgeteilt, dass alle Menschen an uns angebunden sind, die Menschheit als Ganzes, und dass sie deshalb Informationen übergeben, die »angemessen« sind – in dem Sinne, dass die menschliche Population momentan fähig ist, sie aufzunehmen. Die Plejader wissen, auf welchem »Level« sich die

Menschheit als Ganzes momentan befindet, und sie handeln danach und teilen entsprechende Botschaften und Heiltechniken mit. Sie wollen niemals Informationen übergeben, die Angst oder Sorge verursachen könnten. Sie wissen, dass wir mit Liebe und Positivität am weitesten kommen.

Beim Schreiben der Texte muss ich oft lächeln, weil ich bei der Übertragung der Informationen, die ja auf Tschechisch erfolgt, bevor meine Tochter Nicole sie anschließend ins Deutsche übersetzt, immer wieder Worte von den Plejadern erhalte, die im Tschechischen gar nicht mehr benutzt werden, die aber immer passend sind. Nicole hat dann manchmal Schwierigkeiten, beim Übersetzen die richtigen Worte zu finden. Ich denke, dass sich die Plejader bei der Kommunikation mit mir an die morphogenetischen Felder des Alttschechischen anbinden. Deshalb benutzen sie manchmal Wörter, die Anfang des letzten Jahrhunderts verwendet wurden. Ihre Kommunikation zeichnet sich also durch eine bestimmte Zeitqualität aus. Für mich ist das eine Bestätigung dafür, dass sie von einem »anderen« Planeten oder von anderen Zeitsequenzen aus mit mir kommunizieren, indem sie sich mit einem speziellen morphogenetischen Feld verbinden.

In diesem Buch sprechen die Plejader die Leserinnen und Leser übrigens vorwiegend mit »ihr« und nicht mehr so so oft mit »du« an. Die Zeiten, in denen wir hier auf der Erde als einsame Einzelwesen und »Krieger« des Lichts gewirkt haben, sind anscheinend vorbei. Jetzt geht es darum, unsere Kräfte zu vereinen und als Kollektiv zu handeln. Im Kollektiv haben wir erheblich größere Kraft und viel mehr Möglichkeiten.

Das bestätigt sich mir auch in jedem meiner Seminare und ganz allgemein bei der Arbeit im Kollektiv. Dadurch, dass sich das kollektive negative Bewusstsein der Menschheit schon teilweise gereinigt und lichtvoll erhöht hat, bringt die Arbeit im Kollektiv unglaubliche Ergebnisse. Jeder Mensch, der im Kollektiv arbeitet, verbindet sich mit den Energiefeldern des anderen. Die Dimensionen zur Heilung öffnen sich vermehrt, und dadurch erhöht sich ihre Intensität – die Energie multipliziert sich. Die Entscheidung, eine Situation und das Bewusstsein zum Positiven zu verändern, erhöht die kollektive Arbeit enorm, und die Ergebnisse sind oft mehr als greifbar. Positive Ergebnisse, um die wir uns früher sehr bemühen mussten, können im Kollektiv innerhalb weniger Tage erzielt werden, manchmal sogar innerhalb weniger Augenblicke. Die Heilung tritt in dem Augenblick ein, in dem wir uns über unsere Seele und über unseren Geist absolut mit dem Bewusstsein der göttlichen Intelligenz verbinden.

Bei der Arbeit im Kollektiv beginnt das Licht jedes Menschen wirklich schön zu strahlen, und dieses Licht überträgt sich dann auf andere und verbindet alle untereinander. Bei dieser Arbeit sehe ich, wie sich das Licht der ganzen Gruppe verstärkt und durch die Wände des Hauses geht und die Umgebung durchdringt. Und genau dieses Licht zieht weiteres positives Licht an und viele Lichtwesen, die zu Hilfe kommen.

Wenn ich eine arbeitende Gruppe beobachte, sehe ich, dass wir uns alle in einer wunderschönen Oase bunter Lichter befinden und in der Gegenwart der Lichtwesen, die uns lieben. Ihre Energie trägt und heilt uns.

Durch eure persönliche Arbeit an euch selbst, durch euren Kontakt mit den lichtvollen und plejadischen Wesen habt ihr neue positive Felder erschaffen. Schon durch das bloße Lesen dieser Plejaden-Bücher entstehen neue positive morphogenetische Felder, und alle Leserinnen und Leser werden so untereinander verbunden – ihr alle. Dadurch unterstützt ihr euch gegenseitig positiv, und eure Energie und euer Licht vervielfachen sich. Allein eure Absicht und eure Entscheidung, dieses Buch zu lesen, führt bereits dazu, dass sich euer Bewusstsein enorm erhöht.

Durch das Lesen und die Arbeit mit diesen Büchern erzeugt ihr neue positive Felder der Hoffnung und Felder der persönlichen Entwicklung. Und ihr seid die Schöpfer dieser neuen positiven, heilenden Felder.

Mit jeder gelesenen Zeile und jedem gelesenen Wort wird die schrittweise Heilung und Durchleuchtung eurer Realität verwirklicht, ohne dass ihr euch dessen vielleicht bewusst seid. Denn – wie die Plejader mitteilen – jedes Wort all ihrer durchgegebenen Bücher ist individuell und positiv auf den einzelnen Leser programmiert.

Für mich persönlich hat sich beim Schreiben des vorliegenden Buches meine Intuition noch weiter entwickelt, und ich denke, dass ich die Gedanken einzelner Personen jetzt besser aufnehmen kann. Damit kann ich die andere Person besser verstehen und mögliche Missverständnisse augenblicklich korrigieren. Zudem kann ich verstärkt auf meinen ersten Eindruck zählen. Ich weiß, dass mein erster Eindruck richtig und untrüglich ist. Ich spüre mehr als früher, welcher Mensch eine ähnliche Frequenz wie ich in sich trägt und welcher mir momentan nicht gut tut. Ich habe auch gelernt, jeden Menschen, der mich negativ beeinflusst hat, zu segnen, um sein persönliches Licht anzuheben und ihn dadurch wahrnehmen zu lassen, wie sich Glück anfühlt – die Segnung ermöglicht es ihm, sich an sein göttliches Wesen und an sein Licht zu erinnern. Ich segne alle negativen Situationen, und dadurch verwandele ich unablässig dunkle Energie in lichtvolle. Die Heilung der Situation und ihrer »Akteure« geschieht in den meisten Fällen sehr schnell. Manchmal wirklich innerhalb eines kleinen Augenblicks.

Mit dem Schreiben jedes Buches bin ich innerlich gewachsen. Während des Schreibens wurde ich durch die Plejader dazu aufgerufen, mich an der frischen Luft aufzuhalten, mich vor Elektrosmog zu schützen und mich gesund zu ernähren. Dadurch war mein Geist klar und meine Zirbeldrüse in der Lage, Informationen leichter zu empfangen.

Dieses Nachwort schreibe ich übrigens am 31. Dezember 2018, am letzten Tag des Jahres 2018 ... Dieser Tag bringt einzigartige Frequenzen und eine unverwechselbare Intensität mit sich. Alles, was abgeschlossen sein sollte, schließt sich frequenzmäßig an diesem Tag, und mit dem morgigen Tag beginnen wir das neue Jahr 2019.

Wenn ich auf das Jahr 2018 zurückblicke, muss ich sagen, dass es sehr intensiv und reinigend war.

Gleichzeitig ist eine große Menge an Prozessen abgeschlossen worden, die für die neue positive Zukunft von uns allen und unserem Planeten notwendig waren. Es wurden neue Möglichkeiten für das lichtvolle Morgen geöffnet.

Tief reinigende Prozesse haben unser Denken und unseren Geist geläutert. Ich persönlich habe, besonders am Ende diesen Jahres, eine starke energetische Reinigung gefühlt, die Angelegenheiten von mir gehen ließ, die ich lange in meinem System getragen habe und von denen ich nicht die geringste Ahnung hatte.

Als ich durch die Texte in diesem Buch erfuhr, dass die von den dunklen Wesen erschaffenen morphogenetischen Felder nicht mehr existieren, war ich sehr erleichtert und zog daraus große Kraft für die Zukunft. Ich bin ein Mensch, der den Lichtwesen und den Gesetzmäßigkeiten der Lichtwelt und des Kosmos vollkommen vertraut. Und so hat mich diese Information zu noch mehr Vertrauen und der tiefen Zuversicht geführt, dass das, was sich auf der Erde und in unserer menschlichen Gemeinschaft gerade abspielt, großen Sinn macht und uns eine lichtvolle, positive Zukunft bringt.

Als ich dank der Plejader erfuhr, dass die dunklen Felder von Erzengel Metatron gelöscht worden sind, war ich so ergriffen, dass ich weinen musste. Ich musste weinen und wollte gleichzeitig vor Freude springen. Energetische Wellen des Glücks und der Rührung sind durch meinen Körper gefahren.

Seid ihr euch alle bewusst, was diese Informationen für uns bedeuten? Wir sind von der dunklen, manipulierten Vergangenheit getrennt. Solange wir nicht selbst weitere negative Energiefelder um uns herum erschaffen und unsere manipulierte Vergangenheit ein für alle Mal definitiv reinigen, sind wir frei! Jeder Einzelne! Jeder trägt seine Freiheit in sich!

Die manipulierte Geschichte der Menschheit und alle damit einhergehenden Zusammenhänge und Folgen, die unsere negativen Emotionen, Gedanken und künstlich geschaffenen negativen Situationen betreffen, existieren einfach nicht mehr. Alle Zusammenhänge wurden aus den morphogenetischen Feldern gelöscht. Wir können uns mit unseren negativen Gedanken nicht mehr an sie anbinden, weil sie schlichtweg nicht mehr existieren ... Sie haben keine Kraft und keine Macht mehr, uns negativ zu beeinflussen. Wir befinden uns nicht mehr in einer Falle, aus der wir nicht entkommen können.

Die Plejader machen uns immer wieder darauf aufmerksam, dass unsere negativen Erinnerungen von der Vergangenheit, die uns nach wie vor belasten, lediglich *Bilder* in unserem Geist sind. Und wir haben die Möglichkeit, diese Bilder jederzeit zu löschen und uns von ihnen zu trennen. Mir persönlich hat das ein großes Verständnis der Gesamtsituation gebracht. Ich bin mir bewusst, dass ich mich jederzeit von der Vergangenheit trennen und mir jetzt leichter eine neue positive Zukunft erschaffen kann.

Natürlich sind unsere *persönlichen* negativen Geschehnisse, wenn wir zum Beispiel durch unser Verhalten jemanden verletzt haben, nicht aus der Akasha-Chronik gelöscht worden. Diese

Geschehnisse haben mit den dunklen Wesen nichts zu tun. Falls wir als Person jemanden verletzt haben, »dürfen« wir an diesen Informationen weiterhin arbeiten und sie reinigen.

Ich weiß, dass wir alle noch eine Menge Arbeit vor uns haben, und ich bin neugierig, was das Jahr 2019 bringt. Aber ich bin überzeugt, dass wir alle, die wir auf diesen irdischen Zug aufgestiegen sind, es schaffen werden, ein weiteres Stück des Wegs, das weitere positive Ergebnisse bringen wird, zurückzulegen.

Wir alle, die wir uns entschieden haben, in dieser Zeit auf diesen Planeten herabzukommen, tragen die tiefe Sehnsucht und den Wunsch in uns, das Geschehen auf dem Planeten Erde zum Positiven zu verändern.

Ich schätze jeden Menschen, der sich mit mir in diesen Zug gesetzt hat, und jeden, der das Geschehen auf diesem Planeten positiv verändert, auf welche Art auch immer.

Die meisten von euch sind aus anderen Zeiträumen und aus anderen Planetensystemen auf den Planeten Erde inkarniert. Den meisten von euch war mehr als klar, dass es notwendig ist, auf diesen Planeten herabzukommen und hier bestimmte Maßnahmen zu ergreifen, damit die Zivilisation der Menschheit erhalten bleibt.

Uns alle, liebe Leserinnen und Leser, verbindet ein riesiges kollektives Bewusstsein, das wir dank unserer energetischen Arbeit und der Botschaften und der Energie der Plejader erzeugt haben. Diese Energie erhebt uns und lässt uns die Zukunft positiv sehen. Sie hilft uns, positiv zu handeln.

Ich bin euch sehr dankbar dafür, dass ich eure Verbundenheit wahrnehmen kann. Ich nehme wahr, dass sich die Zahl der Unterstützer ständig erhöht, und das gibt mir eine große Portion Energie weiterzuschreiben.

Ich weiß, dass die Plejader bereits neue Informationen vorbereiten, die sie uns mitteilen möchten. Ich weiß, dass sie uns friedlich begleiten und uns ihre Energie und Liebe spüren lassen.

Als ich anfing, mit den Plejadern zu kommunizieren und das erste Buch *Lichtbotschaften von den Plejaden* schrieb, hatte ich keine Ahnung, dass innerhalb kurzer Zeit noch einige weitere Bücher entstehen würden. Das erste Buch erschien im Jahr 2016. Heute ist der letzte Tag des Jahres 2018, und ich schreibe die letzten Zeilen des fünften Buches. Alles läuft in »kosmischer« Geschwindigkeit ab.

Die Plejader teilen mir in letzter Zeit oft mit, dass jetzt die Zeit anbricht, in der sie »endlich« anfangen können, verstärkt zu handeln, und das bedeutet für mich ihre verstärkte und intensivere Anwesenheit. Für die Plejader bedeutet es, dass der Zug gerade erst beginnt Fahrt aufzunehmen. ☺

Ich denke, dass *sie* es waren, die mich am Ende dieses Jahres in eine Situation geführt haben, die meine Seele und meinen Geist noch mehr gereinigt hat, damit ich noch besser mit ihnen kommunizieren kann und damit die Übertragung der Informationen präzise ist. Und damit meine körperliche Materie frequenzmäßig im Einklang mit den lichtvollen Energien ist.

Also … Ich lasse mich überraschen, was die Plejader für mich und für euch vorbereiten. Ich bin gespannt, was die Zukunft bereit hält und freue mich darauf. Mit all den Veränderungen, die zunächst vollbracht werden müssen.

Liebe Leserinnen, liebe Leser, ich fühle tiefe Hochachtung vor euch – und ich fühle eure Verbundenheit. Ich danke euch für eure Gewogenheit, eure Gegenwart und eure Liebe.

Handelt oft im Kollektiv und nutzt die kollektiven Kräfte. Dadurch verstärken sich unsere Verbundenheit, unser Licht und unsere Liebe noch mehr.

Mit Liebe im Herzen,
Eure Pavlina

Danksagung

Mein Dank gebührt allen Menschen und Wesen, denen ich auf meinem Lebensweg begegnet bin.

Er gebührt allen, die mich durch ihr Verhalten und durch ihre Impulse dazu geführt haben, mich dafür zu entscheiden, gerade diesen Weg zu gehen.

Ich bin unendlich dankbar dafür, dass ich euch, liebe Leserinnen und Leser, die Botschaften der plejadischen Lichtwesen übergeben darf. Ich bin euch dankbar dafür, dass ihr diese Botschaften geistig angenommen habt und eure Herzen diesen Botschaften und liebevollen Ratschlägen folgen können.

Die Plejader haben durch ihre Botschaften in uns allen den Funken der Hoffnung geweckt, der nach und nach sein wahres Strahlen offenbart und unsere Herzen erleuchtet hat. Unser Herz erinnert sich dadurch an alles Göttliche und Lichtvolle, und das gibt uns Kraft und Hoffnung für die Zukunft.

Alle plejadischen Lichtbegleiter haben meinen tiefen Dank. Ohne ihre Hilfe würden wir nicht da stehen, wohin es uns schon gelungen ist zu kommen. Es ist uns dank ihnen gelungen, uns aus der Stagnation zu befreien, und wir haben verstanden, dass wir unsere eigenen Schöpfer sind.

Ich danke euch, ihr Lieben! Ich danke allen Lichtwesen, die mich und euch alle begleiten!

Mein Dank gebührt außerdem der geliebten Natur und allen Orten, an denen ich die Botschaften aufschreiben durfte. Ich bin von diesen Orten geradezu gerufen worden, damit ich mich dort niedersetze und die lichtvollen Portale für den Kontakt mit den Plejadern öffne.

Es ist mir mehr und mehr bewusst, wie sehr wir alle die Natur brauchen und wie viel Kraft, Motivation und Harmonie wir aus der Natur schöpfen können.

Ich danke allen, die gemeinsam mit mir an diesem Buch gearbeitet haben. Ich danke dir, liebe Nicole, für deine Übersetzung meiner Texte aus der tschechischen in die deutsche Sprache. Du hast es wieder mit Bravour gemeistert. Die Botschaften, die ich auf Tschechisch niedergeschrieben habe, tragen in der Übersetzung absolut die gleiche Energie und Schwingung. Ich bin überzeugt davon, dass die Plejader sich sehr über dich freuen und deine Arbeit wertschätzen.

Ich danke dir, lieber Michael, für die ausgezeichnete Lektoratsarbeit und die erneute Auswahl eines wunderschönen Titelbilds für dieses Buch. Der ganze Prozess erfordert, bevor das Buch in die Hände des Lesers gelangt, großes Organisationstalent und eine Menge Ausdauer, und dafür bin ich dir sehr dankbar. Ich danke dem gesamten Team, das zum AMRA Verlag gehört und mit Michael zusammenarbeitet. Ich danke vor allem Heike Ceska, die eine Person mit großem Herz und tiefem Verständnis ist.

Ich denke, dass die Plejader, die den Prozess der Buchveröffentlichung wie immer aufmerksam verfolgt haben, mit unserer Zusammenarbeit mehr als zufrieden sind. ☺

Ich danke meiner ganzen Familie und meinem Partner, der mich fortwährend motiviert und in meiner Arbeit unterstützt.

Mit Dankbarkeit und Frieden im Herzen,
Eure **Pavlina**

Drunvalo Melchizedek & Daniel Mitel
LEBE IM LICHT DEINES HERZENS

Meditative Zugänge in den heiligen Raum
AMRA Verlag, Hardcover, Leseband
ISBN 978-3-95447-343-4
€ [D] 19,99; auch als eBook!

Liebe Leserinnen, liebe Leser,

sehr gern möchte ich euch abschließend noch ein neues Lieblingsbuch von mir vorstellen. *Lebe im Licht deines Herzens* wurde von zwei bekannten Persönlichkeiten geschrieben, die ich sehr schätze: Drunvalo Melchizedek und Daniel Mitel.

Drunvalo hat bisher fünf Bücher geschrieben (das bekannteste davon ist der Zweiteiler *Die Blume des Lebens*), die in neunundzwanzig Sprachen übersetzt wurden und in mehr als einhundert Ländern unseres Planeten gelesen werden. Er bereist die ganze Welt und hilft Menschen, ihre persönliche Verbindung mit Gott zu finden. Daniel Mitel gilt als »Meister der Meditation«. Wie Drunvalo ist auch er auf allen Kontinenten zu Hause und begleitet Menschen bei ihrer Anbindung an ihr inneres Selbst. Er ist der Einzige auf der Welt, der die uralte »Bildsprache des Herzens« lehrt. Beide Autoren verbindet die spirituelle Arbeit, die uns hilft, unsere Herzenskraft zu finden – und damit die Anbindung an die reinste kosmische Energie, die uns mit allem Lichten und Positiven verbindet.

Es ist die Zeit gekommen, schreibt Drunvalo, in der es für unsere spirituelle Entwicklung und eigentlich sogar für unsere

Zukunft als Menschheit absolut notwendig ist zu verstehen, wie unsere persönliche Anbindung über das Herz funktioniert, denn ohne Anbindung an das Göttliche sind wir isolierte und verlorene Lebewesen. Dazu ist es unerlässlich, die heilige Kammer unseres Herzens zu finden, den heiligsten und ruhigsten Ort des ganzen Universums!

Wenn wir unsere heilige Kammer im Herzen finden, finden wir uns selbst, und wir finden unsere Heilung. Wir binden uns dadurch an die reinsten Frequenzen und geometrischen Strukturen des Universums an. Unsere Herzenskraft lässt uns dann mit der Unendlichkeit des Universums und der reinsten göttlichen Ordnung in Einklang schwingen. Ihren Ausdruck findet unsere Herzenskraft durch ein physisch messbares energetisches Feld mit einem Durchmesser von zweieinhalb bis drei Metern, das die Form eines Torus hat – mit unserem Herzorgan als Zentrum. Unser Herz besitzt sehr viel mehr Kraft und Intensität als unsere Gedanken und unser Geist, und es ist für uns alle notwendig, sich die enorme Kraft unseres Herzens bewusst zu machen und sie positiv zu nutzen.

Drunvalo lehrt uns in diesem Buch, gedanklich den Verstand zu verlassen und stattdessen in unser Herz zu gehen – und uns in dieser Kammer zu bewegen!

Anschließend schildert Daniel seine Lebensgeschichte und sein Zusammentreffen mit spirituellen Lehrern. Schon immer war er auf der Suche nach seinem Höheren Selbst. Bei einem Besuch der heiligen Insel Zypern gelangte er in einen Zustand der absoluten Verschmelzung mit der göttlichen Energie, die ihm unglaubliche Erlebnisse und umfassendes Wissen brachte. Das führte ihn zu täglichen mehrstündigen Meditationen, bei denen er von den Lichtwesen eine Fülle an Informationen erhielt. Sie haben ihm auch mitgeteilt, warum leichte und flüssige Kost wichtiger ist denn je, damit wir klarere Gedanken und einen reineren energetischen Körper haben.

Für mich war außerdem der Teil des Buches besonders interessant, in dem Daniel seine Begegnung mit Ana Pricop beschreibt, die auch Lady Ana genannt wurde. Sie wurde in Moldavien geboren, und die Menschen sprachen von ihr als der »Großen Inkarnation des Wissens«. Er arbeitete über zwanzig Jahre mit ihr zusammen, und gemeinsam entstanden Methoden, die er jetzt an uns weitergibt – etwa die Methode »Intuition des Herzens«.

Meine Lichtbegleiter fordern mich immerzu auf, mich durch mein Herz mit der kosmischen positiven Kraft zu verbinden. Ich weiß, dass es sich reinen Herzens leichter und viel freudvoller auf dem Lebensweg geht. Mit diesem Buch habe ich neue Möglichkeiten entdeckt, an meiner Herzenskraft zu arbeiten und sie weiter zu stärken.

Drus und Dans gemeinsames Buch enthält viel Wissen und zahlreiche Techniken, wie wir uns mit dem Höchsten verbinden können. Die sollten wir unbedingt nutzen. Schließlich verlieren alle unsere Wünsche, Affirmationen und Mantren ohne ein reines Herz an Bedeutung und Kraft.

Viel Lebensglück euch allen wünscht
Pavlina

Verzeichnis der auf den ersten sechs CDs enthaltenen Übungen und Meditationen

Gechannelt von Pavlina, eingesprochen von Kathrin Mayer, musikalisch begleitet von Sayama; beim Einsprechen im Tonstudio ist Pavlina immer persönlich anwesend, um die Energie zu halten.

Klangmeditation zur Wiederanbindung der DNA-Stränge

Lichtbotschaften von den Plejaden (Reiner Klang)

70 Minuten, ISBN 978-3-95447-332-8, ein durchgehendes Klangfeld

für Behandlungen und die Energiearbeit sowie zur Raumreinigung – mit gechannelten Meditationsanleitungen von Pavlina im Booklet.

Energetische Reinigung und Harmonisierung von Körper und Seele

Lichtbotschaften von den Plejaden (Übungs-CD 1)

62 Minuten, ISBN 978-3-95447-291-8, noch ohne Musik, gehört zu Buch 1 & 2

1. Anbindung an die reine Essenz des Plejadengestirns und die Verschmelzung mit Gott (7:22)
2. Ablegen des Egos und Reinigung des Körpers (10:20)
3. Verbindung von Körper und Seele (8:48)
4. Reinigung deines Lichtkörpers durch die Plejader (9:04)
5. Reinigung des Blutkreislaufs mithilfe von Lichtenergie (6:42)
6. Die heilende Kraft des Ozeans (10:16) – *nur hier auf CD*
7. Die Liebe des Universums (9:00)

Neue gechannelte Übungen und geführte Meditationen

Lichtbotschaften von den Plejaden (Übungs-CD 2)

79 Minuten, ISBN 978-3-95447-318-2, Musik von Sayama, gehört zu Buch 3

1. Worte der Lichtwelt an dich (5:00) – *gesprochen von Pavlina, nur hier auf CD*
2. Anbindung an die kosmische Christusenergie (10:25)
3. Anbindung an die liebende Seele von Mutter Erde (10:20)
4. Anbindung an deine ursprüngliche göttliche Essenz (17:20)
5. Anbindung an den Fluss der positiven Geldenergie (10:43)
6. Ritual zur Vergebung aller Menschen und deiner selbst (11:22)
7. Worte der Plejader an dich (5:38) – *gesprochen von Pavlina, nur hier auf CD*
8. Lichtklänge aus Shambhala (7:17) – *Reiner Klang, nur auf dieser CD*

Zur positiven Umprogrammierung deiner Informationsfelder

Lichtbotschaften von den Plejaden (Übungs-CD 3)

79 Minuten, ISBN 978-3-95447-331-1, Musik von Sayama, gehört zu Buch 3

1. Wachsenlassen von Licht, Liebe und Dankbarkeit (8:24)
2. Anbindung per Zahlenreihe an deine kosmische Familie (14:40)
3. Positive Umprogrammierung deiner Informationsfelder (17:14)
4. Affirmation & Klang zur positiven Umprogrammierung (37:32)

Heilung von Körper und Seele durch kosmische Liebe

Lichtbotschaften von den Plejaden (Übungs-CD 4)

78 Minuten, ISBN 978-3-95447-351-9, Musik von Sayama, gehört zu Buch 4

1. Einleitende Worte zur Heilung (4:51) – *gesprochen von Pavlina*
2. Aktivierung des Zugangs zur Lichtwelt (10:06)
3. Ehre deinen Körper, deine Organe und Zellen (9:56)
4. Durchlichtung der Atmosphäre deines Planeten (7:14)
5. Erhöhter Photonenstrom durch Segen (9:00)
6. Sprich mit den Organen deines Körpers (8:31)
7. Lichtwesen verbinden dich mit der Natur (12:23)
8. Liebe und Dankbarkeit für die Feen (6:03)
9. Aufruf der Wesen des Planeten Venus (8:52) – *gesprochen von Pavlina*

Rückholung verlorener Seelenanteile und Heilung von Mutter & Kind

Lichtbotschaften von den Plejaden (Übungs-CD 5)

78 Minuten, ISBN 978-3-95447-366-3, Musik von Sayama, gehört zu Buch 4

1. Rückholung deiner verlorenen Seelenanteile (33:57)
2. Reinigung des Wirbelsäulenkanals von Mutter und Kind (32:20)
3. Heilung durch die Frequenz gesprochener Worte (11:33)

Sayamas Planetentöne ermöglichen hier eine besonders tiefe Meditation.

»Für eure Vorstellungskraft und euer besseres Verständnis werden euch mit den Worten und Klängen detaillierte Bilder und Visionen geschickt.« – *Die Plejader*

Alle fünf Übungs-CDs liegen auch als Audio Books für den Download & Streaming vor.

Pavlina Klemm wurde im Jahr 1970 in der Tschechischen Republik im Riesengebirge geboren. Als 19-Jährige kam sie nach München, in dessen Nähe sie heute noch lebt und arbeitet. Schon als kleines Kind hatte sie Kontakt zur Lichtwelt, und als junge Erwachsene war ihr absolut klar, welche Richtung ihr Lebensweg einmal nehmen würde. 1999, kurz vor der Zeitenwende, begann sie dann, intensiv mit alternativen Heilmethoden zu arbeiten. Durch die Arbeit mit der heilenden universellen Energie entwickelten sich bei ihr nicht nur heilerische Fähigkeiten, sondern es erhöhte sich auch ihre Anbindung an die Lichtwelt und das Engelreich. Dank dieser Anbindung sieht sie es heute als ihre größte Aufgabe an, Informationen über die universellen Gesetze und kosmischen Entwicklungen weiterzugeben. Das Ergebnis ihrer Channeling-Kontakte mit der plejadischen Zivilisation sind die bisher fünf Bücher und sechs CDs der *Lichtbotschaften von den Plejaden*.

Bei ihren Seminaren, die Pavlina regelmäßig in München, Frankfurt, Basel und Prag abhält, werden die Teilnehmer in der spirituellen Entwicklung ihrer Persönlichkeit stets fürsorglich begleitet. Dabei setzt Pavlina nicht nur ihre Ausbildungen als Lebens-Energie-Beraterin® nach Körbler und Reconnective Healing® Practitioner nach Eric Pearl ein, sondern auch ihre Schulungen durch Andrew Blake in Quantenheilung und als Medium der geistigen Welt durch Doreen Virtue, aber ebenso russische Heiltechniken und anderes mehr. Außerdem bildet sie ihre Klienten in plejadischen Heiltechniken aus.

Pavlina widmet sich auch weiterhin dem Schreiben über spirituelle kosmische Gesetze, ihre Komplexität und ihren direkten Einfluss auf unsere menschliche Gesellschaft, denn wie sie selbst sagt: »Das Lehren und Erkennen der universellen Gesetze ist so unendlich wie das Universum selbst. Es bringt Freude, Bewusstwerden, Frieden und Reinheit im Herzen.«

Kontakt:
www.PavlinaKlemm.de

Lebens-Energie-Beraterin® nach Körbler
Reconnective Healing®Practitioner
Alternative Heilmethoden

Gleichzeitig mit dem vorliegenden Plejaden-Buch erschien Pavlina Klemms neueste CD:

»Meditationen und Übungen für das Goldene Zeitalter«

gechannelt von ihr selbst, eingesprochen von Kathrin Mayer, musikalisch begleitet von Sayama.
78 Minuten, Jewelcase, ISBN 978-3-95447-369-4
Überall im Handel erhältlich!

Pavlina Klemm

HEILSYMBOLE & ZAHLENREIHEN

Arbeitsbuch der Plejadenheilung

AMRA Verlag, ISBN 978-95447-448-6
Hardcover, Glanzeinband, Leseband, 192 Seiten
22 € [D] / 22,70 € [A]; auch als eBook erhältlich!

Immer wieder haben Teilnehmer aus den Workshops, aber auch Leserinnen und Leser der Plejadenbücher danach gefragt. Jetzt dürfen wir sie euch in einem eigens dafür entstandenen Band, dem Arbeitsbuch, endlich vorstellen – die gesammelten Übungen!

Vom Aufbau des lichtvolles Schutzes bis zum Segen für dich selbst und andere, vom Vergebungsritual über die Heilsymbole und Zahlenreihen bis zur Durchlichtung der Chakren, der Kontaktaufnahme mit deiner Familie im Licht und der energetischen Unterstützung des Herzorgans ... Das Buch enthält das gesamte Arbeitsmaterial aus den bisherigen Plejadenbüchern und Workshops.

Aus dem Vorwort der Plejader ...
»Der Geist des Menschen bindet sich an die Synapsen des kosmischen kollektiven Bewusstseins an und erhöht dadurch sein Bewusstsein und sein Wissen. Die kosmischen Lichtimpulse können den menschlichen Geist jetzt endlich heilen und regenerieren.«

Pavlina Klemm über dieses Buch ...
»Es ist egal, in welchen Inkarnationen ihr euch früher befandet. Es ist egal, wie viele Gedanken euch in eure Vergangenheit zurückwerfen. Jeder hat die Möglichkeit, seine Realität zum Positiven zu verändern. Wie die Plejader uns mitteilen – Schritt für Schritt.«

Sofort erhältlich auf www.AmraVerlag.de.
Deutschland & Österreich ab 18 € versandkostenfrei!

Das Arbeitsbuch gibt es auch als Kartenset ...

Pavlina Klemm
Heilsymbole & Zahlenreihen
44 Karten mit 112-Seiten-Begleitbuch
24,99 € [D/A] • Klappschachtel
ISBN 978-3-95447-376-2

Wir, deine plejadischen Begleiter, sind dir sehr dankbar, dass du dich mithilfe dieses Kartensets selbst heilst. Du hältst gerade die materialisierte, manifestierte Energie von Symbolen, Zahlenreihen und Affirmationen in Händen. Durch dein Heilen hilfst du anderen Personen. Durch die Anbindung an die morphogenetischen Felder dank der Symbole auf diesen Karten erweiterst du deine Wahrnehmung, und es gelingt dir viel leichter und schneller, dich in der fünften Dimension des Bewusstseins zu verankern.

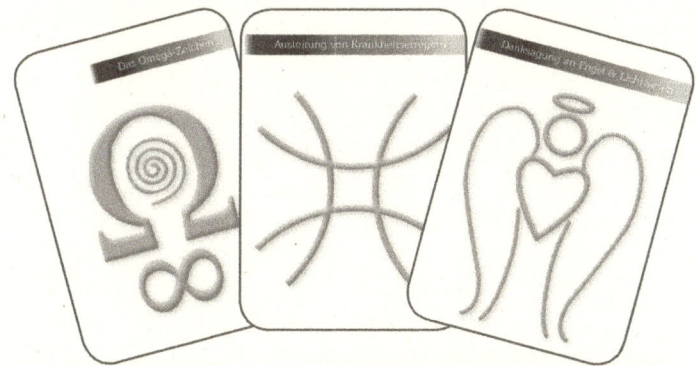

Das Kartenset enthält alle energetischen Hilfsmittel aus Pavlinas bisherigen Büchern, CDs und Veranstaltungen und ist in diesen herausfordernden Zeiten für den täglichen Gebrauch gedacht. Zur Aktivierung der Karten genügt die reine Absicht. Genaue Anleitungen und exklusive Texte der Plejader enthält das 112 Seiten umfassende Begleitbuch.

»Vertraue bei dieser energetischen Arbeit auf deine Intuition und lasse dich führen.
Deine Realität kann schon sehr bald heilen.« – *Pavlina Klemm*

Workshop-CDs der Plejader exklusiv auf www.AmraVerlag.de

*»Wir reinigen jetzt diese Realität.
Wir gehen Schritt für Schritt mit euch voran.«*

Ob in München, Frankfurt, Basel oder Prag, Wien oder Hamburg ... Pavlinas Wochenend-Workshops sind legendär. Tausende von Teilnehmern kamen schon in den Genuss der Plejadenheilung. Jetzt gibt es die Meditationen, gesprochen von Pavlina selbst, auch auf CD.

Je 78 Minuten, Jewelcase, ausfaltbares 6-Seiten-Booklet mit Heilsymbol und Anleitung, musikalisch begleitet von Sayama, pro CD 22,– €

Befreiung der Thymusdrüse. Entfernung von Implantaten. Rückerlangung der weiblichen Kraft. Reinigung der Chakren. Integration positiver Frequenzen. Wiederanbindung an die DNA. Heilung verlorener Seelenanteile. Programmierung deiner Kristalle. Schutz, Erdung und vieles andere mehr ... Die Meditationen des 3-Tage-Workshops jetzt auf CD.

**Diese CDs sind *nicht* im Handel erhältlich,
sondern *nur* auf www.AmraVerlag.de.**

Für Bestellungen per Post: AMRA Verlag,
Michael Nagula, Auf der Reitbahn 8, 63452 Hanau
Kunden-Telefon: +49 (0) 61 81 – 18 93 92
Info@AmraVerlag.de • www.AmraVerlag.de

Deutschland & Österreich ab 18 € versandkostenfrei!